俗語はおもしろい！

米川明彦 著
Yonekawa Akihiko

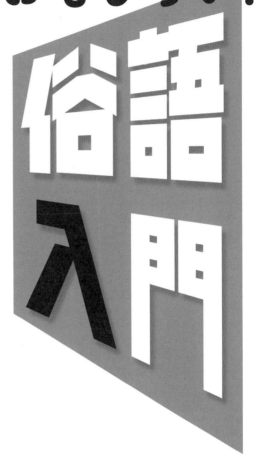

朝倉書店

はじめに

◉「ことば」はおもしろい

　自分がおもしろいと思っていないことを書いても、読者がおもしろいと思うことは決してない。逆に自分がおもしろいと思っていることを書けば読者もおもしろいと思ってくれるはずだと考え、「俗語」についておもしろいと思うことを書くことにした。

　まず、少し思い出を書いておこう。私は「俗語はおもしろい」と思う前に「ことばはおもしろい」と思い、日本語研究の道に入ろうと思った。私の父は戦中、中国の満州で暮らしていたため（奉天第二中学校に通っていた）、私が小さい頃、よくおもしろい中国語の俗語を教えてくれた。その一つが「ノーテンファイラ」（ノーテンホワイラとも。中国語「脳袋壊了」で、馬鹿）。なんておもしろい音だろうと思った。また外国語もどきのことばも教えてもらった。袴のことを「スワルトバートル」という。袴をはいて坐ると場を取るからである。饅頭のことを「オストアンデル」という。押すと餡が出るからである。これらは江戸時代に入ってきたオランダ語風にいった偽物のことばだが、袴、饅頭をこのように言い換えるとは、なんてばかばかしくておもしろいことかと子どもながらに思った。そのほかにないかと父に尋ねた覚えがある。これについては後述する。

　そんな父はことば遊びが好きで、「体は大丈夫？」と尋ねると、よく「中丈夫」と返ってきた。私の駄洒落好きやことばへの強い関心は父親譲りかもしれない。その父も2015年の初めに亡くなった。もっとことばについて聞いておけばよかったと悔いている。

◉イミシン

　ところで、日本でもっとも大きな国語辞典は何かご存じだろうか。それは『日本国語大辞典』（小学館）で、なんと百科辞典と同じ大きさで同じくらいの分量がある。女性では片手でつかんでは持てない重さである。これの初版（全20巻、1972〜1976年）が刊行されたとき、ほしくてたまらなかったが、学生の身分で

は買えない値段だった。しかし、どうしてもほしいので大学院生になった年に、働いていた彼女（後に妻になる）に買ってもらった。早速、購入した辞典を全巻、隅から隅まで目を通し、用例のない語、用例があっても近現代の用例がない語、見出しに上がっていない語を書き出し、これらを頭に入れて用例収集を始めた。また、その頃、収集していた大正から昭和の初めにかけて出版された新語辞典類の見出しと『日本国語大辞典』のそれとを見比べ、見出しのない語、用例のない語を書き出し、また当時の新語・流行語の用例収集に努めた。そのとき、その中に俗語が多く含まれていることに気づいた。これがきっかけで特に「俗語はおもしろい」と強く思うようになり、雑誌・新聞・単行本などから俗語の用例収集を約40年間続けてきた。

「俗語はおもしろい」と思った例のひとつに「イミシン」がある。中年の男性が「イミシンなことを言うね」の「イミシン」は「意味深長」の略語で俗語だが、もともと戦前の女学生のことばだった。『少女画報』第17巻第10号（1928年）に掲載された「現代東京女学校新流行語集」に、

　　「イミシン」意味深長の略語「見ちゃいやよ、イミシンなんだから」

と出ているではないか。当時、批判の対象であった女学生の隠語や流行語を今や「女子大生のことばは乱れている」という立派なおじさんも使うようになった。「イミシン」は価値が上がった俗語といえる。

◉俗語の価値を見直す

「俗語」といえば、かつて、その「俗」というネーミングや「俗」がついたことば（「卑俗」「俗受け」「俗っぽい」「俗世間」「世俗」）や連想する卑俗なことばや下品なことばなどから軽視され、言語の学問の世界でも無視するか差別的な扱いをするかであって、まともに取り上げられなかった。私はこれを改めるべく、これまでにさまざまな俗語の辞典や研究書を出してきた。本書でもそのような考えを打ち破り、俗語は次のような特徴のあることばであることをいろいろな角度から挙例し、解説した。本書は俗語のおもしろさを全面に出して見直してもらおうとした。

　俗語は気づかずに使ってしまう生活に不可欠なことばである。
　俗語はものごとの表現を豊かにすることばである。
　俗語は笑いをもたらすことばである。

はじめに

俗語は人間関係を左右することばである。
俗語は逆に悪態をつくことばである。
俗語は極端に言えば、それがなければ息苦しくなる。
俗語はその社会の世相を反映することばである。
俗語はその社会の価値観を反映することばである。
俗語はその時代の流行を表すことばである。

ところで、ことばにはいろいろな働き（機能）がある。まずメッセージ・情報を伝える伝達機能が挙げられる。しかし、それだけではない。「こんにちは」という挨拶のような社交機能、おしゃべりに見られるような娯楽機能、仲間意識をもたせる連帯機能、相手に話し手の感情を伝える感化機能、討論・宣伝などのような説得機能、「畜生」「くそっ」のようにことばによってストレスを解消する浄化機能、「マブイとは美しいという意の俗語です」のようにことば・メッセージを解釈するメタ言語機能などがある。それぞれが果たす役割は重要でおもしろい。

俗語は一般語以上に感情・心情をストレートに強く表現でき、また、相手に聞かれては都合の悪いこと、露骨なことなどをいうのを避けて、相手への悪い印象やその場の雰囲気を和らげたり、笑わせたりする働きがある。また略して効率よく伝えることができる（結果として逆効果もあるが）。もちろん、これ以外にもさまざまな働きがある。まとめていえば、俗語には力があるということである。この俗語の力は意外と知られていないし、またその重要性も認識されていない。本書では上記の俗語のおもしろさに加え、これらの働きについて具体例を挙げて俗語の力も正しく知ってもらいたいと思う。

さあ、俗語の世界をのぞいてみよう。

2017年3月

米川明彦

目　　次

1　俗語ってどんなことばか　1
　1.1　俗語の会話例　1
　1.2　俗語とは——定義と特徴　3
　1.3　どれが俗語か——種類と候補　12

2　俗語は何のために使うのか——目的と機能　20
　2.1　強く表現するため　20
　2.2　和らげるため　22
　2.3　親しむため　23
　2.4　笑うため　25
　2.5　進めるため　27
　2.6　隠すため　30
　2.7　忌むため　32

3　どのように俗語を造るのか　34
　3.1　俗語の造語法　34
　3.2　集団別に見た造語法と特徴　42

4　俗語はいつ、どこで生まれたのか　47
　4.1　雅語に対する俗語　47
　4.2　江戸時代の俗語　50
　4.3　地域と俗語　56

5　俗語は何をどう表現しているのか　65
　　5.1　人に関する俗語　65
　　5.2　物事に関する俗語　71
　　5.3　ことばに関する俗語　73

6　俗語はどんな人がどれくらい使うのか　75
　　6.1　俗語の嫌悪感の個人差　75
　　6.2　俗語の使用の世代差・性差　79

7　俗語の宝庫　①流行語　83
　　7.1　流行語とは　83
　　7.2　明治・大正の流行語　89
　　7.3　昭和戦後の流行語　90

8　俗語の宝庫　②若者ことば　94
　　8.1　昭和の若者ことば——過去と現在を比較して　94
　　8.2　21世紀の若者ことば　100
　　8.3　寿　命　107
　　8.4　変わったこと、変わらないこと　108

9　俗語の宝庫　③業界用語　110
　　9.1　医師・看護師の用語　110
　　9.2　フライトアテンダントの用語　114
　　9.3　百貨店の用語　116
　　9.4　タクシー業界の用語　118
　　9.5　警察の用語　120
　　9.6　大相撲の用語　123
　　9.7　鉄道業界の用語　125

10 俗語も変わっていく　127

　10.1　てよだわことば――出自が悪いことば　128
　10.2　やばい――ドロボー・スリの隠語　129
　10.3　すてき――江戸の俗語　131
　10.4　おいしい――女性のことば　133
　10.5　エッチ――不良少年の隠語　135
　10.6　超～――学術用語の軽量化　137
　10.7　～系――学術用語がオタク用語になった　139

11 俗語も消えていく　142

　11.1　一般語の死語化　142
　11.2　俗語が消えていく理由　143

おわりに　155

読者のための参考書―俗語に関する拙著　165

語彙索引　167

1

俗語ってどんなことばか

1.1 俗語の会話例

●「俗語」はおもしろい

　では「俗語」とはどんなことばなのかを見るために、まず、次の会話を読んでほしい。

　　A「この原稿、いますぐパソコンに打ち込める？」
　　B「そんなのお茶の子さいさい」

「お茶の子さいさい」は中高年が使用する俗語。「お茶の子さいさい」のほかに「屁の河童」「ちょろい」ともいう。しかし、若い人の会話なら次のように言うであろう。

　　A「この原稿、いますぐパソコンに打ち込める？」
　　B「そんなの全然ヨユウです」

　あるとき、女子大生に「そんなのお茶の子さいさいだよ」といったところ、「何ですか、そのお茶の子さいさいって。おもしろい」と返ってきた。こういうことばを知らないことに驚いたと同時に「おもしろい」と若い子が感じることにも驚いた。「何がおもしろいの」と聞くと、「お茶の子もさいさいも」。「お茶の子」は「朝飯前」という意味、「さいさい」はおそらくはやしことばと教えたら、今度は「『ラクショウ』とか『ヨユウ』のことですね」と返ってきた。「楽勝」「余裕」は若者たちの間では意味が変化して俗語として使われている。

　この例はどの世代も俗語を使うことに変わりはないが、世代によって俗語が違うことを示している。しかも古い俗語は音や表現が聞いておもしろいに対して、新しい俗語は転義（意味変化）したにすぎない。

　次の会話を見てみよう。

A「昨日はご飯を作ってあげられなくてごめんね」
　B「いいよいいよ、気にしない」
　A「今日の晩ご飯は冷蔵庫に入れてあるから、電子レンジで温めて食べて」
　B「わかった。ありがとう」

これは新婚夫婦の会話である。俗語は使われておらず、おもしろみがなく、固い感じがするが、次のようにいったらどうだろう。

　A「昨日はご飯を作って<u>あげれ</u>なくて<u>ごめんちゃい</u>」
　B「<u>全然</u>いいよー」
　A「今日の<u>夜ご飯</u>は冷蔵庫に入れてあるから、<u>チン</u>して食べて」
　B「<u>OK牧場</u>。<u>ありがとさん</u>」

下線部に注意してみると、「あげれない」は「ら抜きことば」、「ごめんちゃい」は小さな子どもがいうようなかわいらしいことば、「全然」は肯定形に使って規範を無視している。「夜ご飯」は国語辞典にないが、若い人たちは「晩ご飯」のかわりによく使う。「チンする」の「チン」なんて擬音語で幼稚だが、今や老若男女が使う。文化庁の平成25年度の「国語に関する世論調査」によれば、「チンする」を使うことがあると答えた人は90.4％と非常に高い。「OK牧場」はガッツ石松のギャグで、ほんの少し笑いが入る。「ありがとさん」は軽いいい方でふざけている。大阪の吉本興業の芸人が使っている。いずれも俗語で、非常にくだけた感じがする。また仲がいい若い新婚さんの会話のように思える。先のとは大違いである。

この例から、俗語は何も特別な、または一部の人のことばではなく、だれもが何気なく普段使っていることばで、このように会話に弾みをつけ、親近感を出し、さらに感情が出せる便利なことばといえる。

● ヤーサンにレーコー

俗語は話しことばなので仕事の効率や遊び心から元の語を省略することがよくある。これを「略語」という。

以前、京都のある喫茶店でウエイターと厨房の次の会話を聞いた。

　（厨房に）「ヤーサンにレーコー」
　（厨房から）「あいよー」

ヤクザが来ているのか、そんなことをいって大丈夫かなと思ったが、そんな心

配はいらなかった。なんと野菜サンドとアイスコーヒーが出てきた。野菜サンドが「ヤーサン」、アイスコーヒーが「冷コー」と呼ばれると、まったく別のものに思えてしまう。「ヤーサン」は遊び心のある効率を第一にした俗語といえる。「冷コー」は高齢者の関西人に使われる俗語である。なんとおもしろい略語ではないか。

また、銀行業界にはびっくりする略語が使われている。女性銀行員が「だいてちょうだい」と男性銀行員にいったらどうなるか。新人男性なら思わずどきっとしてしまうであろう。これは実は「抱いて」ではなく、「代金取り立て手形」の略の「代手」である。この「代手」は業界用語の俗語である。本来は元の正式な語があるが、略してしまうと、まったく違った語感の、くだけたことばとなってしまう。

1.2 俗語とは──定義と特徴

まず、次の「全然」を使った例を読んでほしい。
　　a「こっちの方が<u>全然</u>大きい」「私よりも<u>全然</u>若く見える」「<u>全然</u>平気だよ」
　　b「いつもの授業とちがって<u>全然</u>楽しかった」「『この服、変じゃないかな』『ううん、<u>全然</u>かわいいよ』」「『行ってもいいですか？』『<u>全然</u>来てください』」

aは『明鏡国語辞典　第二版』（大修館書店、2010年）に出ていた例で「俗語」としている。bは俗語を一番多く見出し語に掲載している『三省堂国語辞典　第七版』（三省堂、2014年）の例で「話し言葉」とし、「俗語」としていない。両者は同じ用法であるが、辞典編集者間で「俗語」の定義が異なっているため、違いが出た。このように何が俗語かということについて、国語辞典を比較してわかることであるが、辞典によって判断が異なることがある。

なお、「全然」はもと、「すっかり」「まるで」の意で使われていた。したがって肯定形・否定形どちらでも呼応するが、多くは肯定形であった。たとえば、芥川龍之介『羅生門』（1915年）に「下人は始めて明白に、この老婆の生死が、全然、自分の意志に支配されてゐると云ふ事を意識した。」と「全然…支配されてゐる」という呼応である。

また、「なんてざまだ」の「ざま」は『明鏡国語辞典　第二版』には俗語の注記がないが、『三省堂国語辞典　第七版』には俗語の注記がある。このように辞典では俗語かどうかは必ずしも一定していない。

●俗語の定義

そこで、私はあらためて術語として俗語を次のように定義した（拙著『日本俗語大辞典』俗語概説、東京堂出版、2003年）。

俗語とは、話しことばの中で公の場、改まった場などでは使えない（使いにくい）、語形・意味・用法・語源・使用者などの点が、荒い・汚い・強い・幼稚・リズミカル・卑猥・下品・俗っぽい・くだけた・侮った・おおげさ・軽い・ふざけた・誤ったなどと意識される語や言い回しを指す。多くの場合、改まった場で使う同意語またはそれに準じる表現を持っている。主な候補語に若者語・業界用語・隠語・卑語・流行語・差別語の大部分あるいは一部分がある。また一般語の口頭語形がある。

●俗語の特徴

この定義から俗語には次の特徴がある。

①俗語は話しことば、口頭語である。②俗語は公の場、改まった場などでは使えない（使いにくい）。③俗語は語形が問題となる。④俗語は意味が問題となる。⑤俗語は用法が問題となる。⑥俗語は語源が問題となる。⑦俗語は使用者が問題となる。⑧俗語は語感が問題となる。⑨俗語は同義語をもっている。

そこで順に具体的に説明しておこう。

1) 俗語は話しことば、口頭語

俗語は書きことばではなく、話しことばである。口頭でいうために語形が訛ったりくずれたり、さらに略されたりして話し手の感情や勢いがそのまま出やすい。また俗語は会話をノリのいい調子で進めるために、またおもしろく進めるために略されてできたり、擬音語から生まれたりする。俗語が生まれるのはそういうわけでごく自然に生まれた。

例を挙げよう。「あの子の笑顔にイチコロさ」の「イチコロ」は俗語。「一撃でコロリ」を略したものであろう。そんな長ったらしいいい方はテンポが悪い。そこで「イチコロ」が生まれた。いかにも簡単に負けるように思えてしまう。

「断トツ」という俗語がある。「成績は学校で断トツ」などと使うが、「断然トップ」というよりずっと他を引き離しているように思え、力強い。

口頭では「あそこ」→「あすこ」、「わたし」→「あたし」、「あなた」→「あん

た」、「追いつく」→「追っつく」、「追い出す」→「追ん出す」、「同じ」→「おんなし」のように発音しやすいようにくずれる。「わたしがあなたをおなじように追い出す」を「あたしがあんたをおんなしように追い出す」と俗語を使っていえば、まったく別人で、はすっぱな女のことばと聞こえる。

「すごい」を強調して「すごーい」「すんごい」「すっごい」「すげえ」などと言うことがある。これらはくだけた話しことばであり、だれでも使う可能性があるのが俗語といえる。

2) 俗語は公の場、改まった場などでは使えない（使いにくい）

人はことばを場によって使い分けている。家では父親のことを「お父さん」というが、外では「父」という。同様に俗語も場の使い分けから生まれたもので、俗語は公の場、改まった場では使えない、または使いにくいが、逆に私的な場、くだけた場、仲間うちの場では使いやすいのが特徴である。公の場、改まった場で使えば人格を疑われる場合もある。あえて公の場で使えば、それは強烈な衝撃を与える。もしかしたら懲罰委員会にかけられるかもしれない。たとえば「あのくそ野郎がけつを見てやがる」といえば、なんと下品で乱暴な奴かと思われる。この「くそ」「野郎」「けつ」「やがる」は公の場、改まった場では使えない俗語である。

また、いい大人が会議の場で「なにげなく言った」「さりげなく言った」ではなく、若者ことばの「なにげに言った」「さりげに言った」と話せば、周りから顰蹙（ひんしゅく）を買うであろう。この「なにげに」「さりげに」も俗語である。

俗語は公の場、改まった場では使えない、または使いにくいという悪い点ばかりではない。逆に仲間内では許される、使って効果があることばといえる。場を和らげたり、親しみを与えたり、会話を弾ませて進めたりする良い点がいっぱいある。むしろこの点に注目したい。これについては第2章で詳しく述べる。

3) 俗語は語形が問題

話しことばで口頭でいうところから生まれたことばの節約、あるいは効率化から、たとえば「一番」「一回」「一度」「一個」を「一」と略して、「朝一番」から「朝一」という俗語が生まれ、「朝一」ができれば「午後一」もできた。「週一回」「月一回」は「週一」「月一」になった。「ラス一」という俗語もある。「ラスト一個」「ラ

スト一回」などの略。「一」自体は俗語ではないが、これら略語になると元の語に対して正式ではないというマイナスに評価されがちな俗語になる。

また、「おそろしい」を「おっそろしい」と促音を入れたり、「ぴったり」を「ぴったし」と転音したりすると俗語になる。

「たたく」と「ぶったたく」を比較すると、後者は濁音で始まる強調の語形で俗語になる。

また、「正解」といわず「ピンポーン」、「不正解」といわずに「ブー」といったりするのはブザーの音から生まれた俗語である。電子レンジで温めることを「チンする」というのもレンジの音から生まれた俗語である。「ポンコツ」はハンマーで叩く音からで、阿川弘之の小説『ぽんこつ』(1959～1960年)で広まった俗語である。「ドンパチ」はピストルの音から、「チャンバラ」は「チャンチャンバラバラ」の略で、刀で斬り合う音から、「トンチンカン」は交互に打つ鍛冶屋の相槌がかみ合わない音からで、いずれも擬音語から生まれた俗語である。

このように元の語を省略したり音便化したり、転音したり添加したり、また語呂合わせしたり、もじったりして加工してできた俗語や、加工はしていないが語頭が濁音で汚い、荒いと感じる俗語がある。いずれも語形上、俗語になる。

しかし、ここでも俗語の語形が上記のような変化ゆえにおもしろいことに注目したい。「ウルウル」「ウルルン」は「うるむ」から作ったマンガっぽい造語であり、「重い荷物を持ってエッチラオッチラ歩いて行く」の「エッチラオッチラ」、「部屋に戻るとバタンキュウ」の「バタンキュウ」はまさにその姿を思い浮かぶ擬態語である。その他「オッチョコチョイ」「カチンコチン」は語呂合わせの語形であり、「お金持ち」に対するもじりの「こがね持ち」はうまくいったものだと感心する。笑いが出ることは健康にいい。

4) 俗語は意味が問題

性行為や性器を直接的に表す卑猥な語(卑語)は俗語である。また、卑猥ではなくても、性・生理現象に関係することば、本来隠すべき身体部位などを間接的に言ったり、ぼかしたりすることばは俗語である。たとえば「セックスする」という一般語に対して「一発やる」という俗語はいかにも下品で荒く感じる。「エッチする」とぼかし和らげると卑猥感はなくなる。

しかし、上記のような卑猥な俗語ばかりではない。大橋巨泉がいい出した、女

性の胸が大きい「ボイン」の反対を「コイン」「ナイン」「貧乳」「粗乳」などといったりするのは遊び心が入ったもじりの俗語でおもしろい。観光バスなどに吐くときのために用意されている「エチケット袋」を俗に「鬼太郎袋」という。これは、吐く→ゲー→ゲゲゲの鬼太郎という連想にもとづく俗語である。
　大便を「大」「大きいの」、小便を「小」「小さいの」というのは俗語。戦前の旧制高等学校の学生はドイツ語を多くの時間、履修していたので、大便は「グロス」（ドイツ語 gross「大きい」意）、小便は「クライン」（ドイツ語 klein「小さい」意）としゃれていた。
　意味上の問題は指す対象以外に誤った意味解釈もある。「檄を飛ばす」は本来、「決起をうながすために、自分の主張を広く人々に知らせる」（『明鏡国語辞典　第二版』）意であるが、誤って「指導者が選手・部下などの奮起を促すために、叱咤激励の声を発する」意で使っている。むしろこの誤りの方が一般的で「俗語」である。ほかに「破天荒」の誤解もある。自分で辞書を引いてみてほしい。

5）　俗語は用法が問題

　「あわや」といえば「のり子」と答えるのは高齢者（淡谷のり子という歌手がいた）。この「あわや」ではなく、「あわや大惨事」は正しい使い方であるが、「あわやホームランといういい当たり」と言うのは俗語で誤った使い方である。
　「全然」は後ろに否定形あるいは打ち消し表現を伴って用いるのが規範的であるが、「全然いける」「全然いい」「全然大丈夫」と肯定形で使う場合は俗語である。
　「完璧にまちがった」「完璧なミス」という人がいる。「完璧」は欠点がなく完全なことを意味するので、まちがいに使うのは俗語の使い方である。
　「すごく早い」というべきを「すごい早い」という人がさらに増えている。これなどは「全然」より俗語の意識は薄く、『三省堂国語辞典　第七版』は「俗に『すごい』と言うことがある」としているが、『岩波国語辞典　第七版』（岩波書店、2009年）などは「普通になった」とまでいい切っている。
　「一歳上」「一学年上」のことを「一個上」という若者が多い。年齢・学年の上下に「〜個上（下）」と「個」を使うのは俗語である。『明鏡国語辞典　第二版』は「×二個上の先輩」「×彼は私の一個下だ」と×印を付けている。なお、この「個」の用法は20〜30代では9割前後が使うが、60歳以上では3割弱と少なく、世代差が見られる。

6) 俗語は語源が問題

　たとえば「のどちんこ」の「ちんこ」の語源を意識すれば少し卑猥に感じる俗語になる。以前、私がある新聞のコラムを担当していたとき、「のどちんこ」のことを書いた原稿がボツになった。「ちんこ」がいけなかった。頭にカチンと来たが、どうしようもなかった。この語は『岩波国語辞典　第七版』『新明解国語辞典　第七版』（三省堂、2012年）には見出しにも立てられていない。『三省堂国語辞典　第七版』『明鏡国語辞典　第二版』は俗語として出ている。なお、専門用語では「口蓋垂」という。

7) 俗語は使用者が問題

　たとえばヤクザが使うことばならそれだけで俗語と感じる。戦後まもない1948年2月17日の『朝日新聞』天声人語に、「ヤクザの言葉」や「浮浪者の世界の隠語」が日常語に入ってきて、日本語の会話が悪くなってきたということが書かれている。以下に引用しておこう。

　　日本語の会話の言葉というものが非常に悪くなってきた。汽車や電車の中で聞いているとことに若い男女の言葉づかいがぞんざいで醜悪である。ソレデヨオ、ソシタラヨオというのもその一つでまことに耳ざわりだ。ソレデサア、ソシタラサアとむやみにサアをつけるのもある。知らねえや、ふんずけやがって、などヤクザの言葉が小学生の日用語になろうとしている。ラクチョー（有楽町）とかノガミ（上野）とかダフ（札、切符）とかいう浮浪者の世界の隠語が、意外な人気と速度とをもって普及化しつつある。これでは日本語のもつ美しさというものが日に日に崩れて醜悪化してゆくばかりだ。

「ヨオ」「サア」という終助詞や「～ねえや」「～やがる」、「ラクチョー」「ノガミ」「ダフ」という略語、倒語が「ぞんざいで醜悪」といわれている。これらは語形だけが「ぞんざいで醜悪」といわれているのではなかろう。その出自、使用者も問題にされていることは間違いない。これらは本書でいえば俗語である。一般人が犯罪者やその他の反社会的集団のことばを口にするとき、俗語と意識される。
　「やばい」という語は第10章で述べるように、もと犯罪者隠語で、犯罪が見つかりそうな危険なさまをいった。それゆえ20世紀末くらいまではそういう者どもの語であるから俗語とされてきた。近年は語源が不明になり、意味も変化し、使用者が広まったためその意識は薄らいだ。

8) 俗語は語感が問題

　俗語は標準的な、改まった語感ではなく、荒い・汚い・強い・幼稚・リズミカル・卑猥・下品・俗っぽい・くだけた・侮った・おおげさ・軽い・ふざけた・誤った、という言語意識（語感）をもつ語や言い回しである。一語が複数の語感をもつことはよくある。多くはマイナスの語感が特徴である。

　①語感「荒い」

　音が激しく、粗野で荒っぽい雑な感じ、また丁寧に発音せず勢いが強い感じ。多くは音便化して（特に促音が入って）生まれた語感である。いかにも威勢のいい男、乱暴な男のことばという感じがする。たとえば「うっせーえな。黙ってろ」の「うっせえ」。そのほか「あたぼう」・「朝っぱら」・「甘ったれる」・「おっかぶせる」・「ふっこむ」・「らっしゃい」（「いらっしゃい」のこと）などがある。

　②語感「汚い」

　聞いた後に不快感や嫌悪感を抱くような、音が汚い、耳障りな感じ。多くは語頭に濁音が来る。たとえば「船酔いでゲーをした」の「ゲー」。そのほか「がっつく」・「げろげろ」・「ざま」・「べろんべろん」などがある。

　③語感「強い」

　聞いた音感が強いさま。強い接頭語がついたり促音便や撥音便が入ったりしたときなどに受ける感じ。たとえば「あの野郎、目ん玉ひんむいてやがった」の「ひんむく」。そのほか「どつく」・「ぶちぬく」・「まっかっか」・「よっぽど」などがある。

　④語感「幼稚」

　語形がいかにも子どもっぽい幼稚な感じ。幼児語（育児語）やそれに類することばがこれに当たる。たとえば「鼻が出てるよ。ちんしようか」の「ちんする」。そのほか「おっきい」・「ぎったんばったんする」・「だっこ」・「チューする」・「バイビー」（バイバイ）・「ブーブー」（車）・「べろ」（舌）・「ポンポン」（お腹）などがある。

　⑤語感「リズミカル」

　口頭語ゆえに語形がリズミカルに感じるさま。韻を踏んだり語形を繰り返したりして調子よく感じる語感。俗語といえば語感は悪いと思いがちであるが、必ずしもそうではなく、「リズミカル」という良い語感もある。これは口頭語ゆえに生じる語感といえる。たとえば「あたりきしゃりき（けつの穴ブリキ）」はなん

のことかわからないが語呂がいい。そのほか「てんやわんや」・「どうにもこうにも」・「何が何して何とやら」・「百も承知二百も合点」などがある。

⑥語感「卑猥」

性的なことがらに限られ、みだら、いやらしいと感じる語感。たとえば「あの子、やりまんなんだって」の「やりまん」。そのほか「いく」・「一発する」・「貫通」・「つっこむ」などがある。

⑦語感「下品」

性的なことに関係せず、口に出すのが恥ずかしい、はしたない、低級と感じる語感で、品位に欠けることばである。たとえば「興奮して鼻の穴をおっぴろげていた」の「おっぴろげる」。そのほか「あへあへ」・「うんこ」・「おなら」・「けつ」・「しっこ」・「にけつ」（2人乗り）・「屁でもない」などがある。

⑧語感「俗っぽい」

物の俗称やたとえから受ける感じで、正式でない、規範的でないと感じる語感である。たとえば「わたし、冬はババシャツを着る」の「ババシャツ」。そのほか「アートネイチャー」（かつらのこと）・「鬼太郎袋」（吐くときのためのエチケット袋のこと）・「ゴロゴロ」（キャリーバッグ）・「脳みそ」・「ビックリマーク」（感嘆符のこと）・「ぴんさつ」（新札のこと）などがある。

⑨語感「くだけた」

元のことばが規範にあり、仲間内で話したい、言いやすく発音したいなどと意識して、語形がくずれたさまである。たとえば「おれんちの車はがたがきてる」の「おれんち」。そのほか「あーた」（あなた）・「あちゃら」・「うちんち」・「きみんち」・「くわせもん」・「さきっぽ」・「はしっこ」などがある。

⑩語感「侮った」

人を嘲ったり罵ったりからかったりするとき、受け手が侮蔑された、馬鹿にされた、などと感じる語感である。差別語、侮蔑語、罵倒語などがこれに当たる。たとえば「先公はひっこんでろ」の「先公」。そのほか「アーメンさん」（クリスチャン）・「あんちくしょう」・「うすのろ」・「餓鬼」・「ふてえあま」などがある。

⑪語感「おおげさ」

様子・たとえ・表現が誇張されてオーバーな感じである。たとえば「あいつの家、超ウルトラ金持ちだって」の「超ウルトラ」。そのほか「一万両」（一万円のこと）・「死にかけ3秒前」・「ホルスタイン」（胸が非常に大きい女性）などがある。

⑫語感「軽い」

音や意味からいかにも軽く、誠実さ・真面目さに欠ける（馬鹿みたいに感じるような）深みがなく、味がない感じである。たとえば「ウヒョー、こんなとこにゴキブリが」の「ウヒョー」。そのほか「ウハウハ」・「パッパラパー」・「ハラヒレホレー」・「般教（ばんきょう）」・「ぴったんこ」などがある。

⑬語感「ふざけた」

ことば遊びの要素を含むためにふざけているように感じるさまで、たとえば「これ買ってちょんまげ」の「ちょんまげ」である。そのほか「あたり前田のクラッカー」・「愛人28号」（鉄人28号のもじり）・「カフカ全集」（成績が可と不可ばかり）・「可山優三（かやまゆうぞう）」（成績の可が山ほどあり、優は三つしかないこと）・「キムタコ」（キムタクを真似た不細工な男）・「フラレタリア」・「もちコース」（もちろん）などがある。

⑭語感「誤った」

語形・意味・用法が誤ったもので、正式でない、規範的ではないと意識される語感である。また話し手・聞き手が誤りに気づいていない場合もある。たとえば「怒られてもたにんごとみたい」の「たにんごと」（正しくは「ひとごと」）。そのほか「きわめつけ」（正しくは「きわめつき」）・「ごようたつ」（正しくは「ごようたし」）・「ひと段落」（正しくは「いち段落」）・「的を得る」（正しくは「的を射る」）・「ひとつ返事」（正しくは「ふたつ返事」）などがある。

9）俗語は同義語をもっている

「チャリンコ」および、その省略形「チャリ」は「自転車」に対して俗語である。「原チャリ」「原チャ」は「原動機付き自転車」に対しての俗語である。このように一般語に対して同義の俗語がある。多くの場合、元になる規範のことばを加工したものか、まったく別に造語したものかのどちらかである。

俗語「やっぱし」は改まった場では同義語「やはり」という。「やはり」→「やっぱり」→「やっぱし」という具合に加工されてできた俗語である。警察用語の「マル害」「マル被」「マル走」は警察内部の集団語であり俗語であるが、外部の人間に話す場合や改まった場ではそれぞれ「被害者」「被疑者」「暴走族」という。寿司屋の用語も一般語とは別の語がある。「片思い」はアワビのこと（「磯のアワビの片思い」から来たもの）。中でも反社会的集団の隠語はこの類が多い。不良

用語「フライパン」とは恐喝のことで、「かつあげ」ということからの連想である。

このように俗語は同義語またはそれに準じる表現をもっている。

1.3　どれが俗語か──種類と候補

では、俗語の種類と候補になる語は何かといえば、語形からいえば略語をはじめ、いろいろな口頭語が指摘でき、また意味からも卑語・差別語なども俗語と指摘できるが、位相からいえば定義にも書いたように、若者語・隠語・流行語・業界用語などが候補語である。そこであらためてこれらの中からいくつか例を挙げて述べておこう。

1)　口頭語

ここには話しことばの元の標準形からくだけた、くずれた語形のことばが入る。「あけっぱなす」「あけっぴろげる」「あすこ」「あたし」「あったかい」「あっためる」「あぶらっけ」「あんまり」「いろんな」「おっかあ」「追っつく」「追ん出す」「しょんべん」など数は多い。説明は先の俗語の特徴①で述べたので略す。

2)　若者ことば

若者ことば（若者語）はほとんどすべてが俗語である。若者ことばとは10代後半から30歳くらいまでの男女が仲間内で、娯楽・会話促進・連帯・イメージ伝達・隠蔽・緩衝・浄化などのために使う、くだけたことばで、ことばの規範から自由と遊びを特徴とする（拙著『若者語を科学する』明治書院）。それゆえに語形・意味・用法などが典型的な俗語の要素をもっている。例を挙げれば、若者ことばをよく取り上げて解説している『明鏡国語辞典　第二版』には自転車を意味する若者ことば「チャリ」「チャリンコ」、原動機付き自転車を意味する若者ことば「原チャリ」は俗語として出ている。また「ありえない」も掲載されている。そこに「近年若者が、称賛する意味で「一味（＝信じられないほど、すばらしい味）」などとも言うが、称賛の意は伝わりにくい。」とある。

おもしろさからいうと若者ことばが一番である。ことばの娯楽といっていいほどで、ことばを遊び、会話を楽しんでいる。「池」の反対が「沼」とはどういうことか、おわかりだろうか。「イケメン」を略して「イケ」。メールなどで「池」と表記する。そこで「いけてない」のは「沼」ということでブサイクの意。これ

らはおもしろい俗語である。

　若者ことばは心理的要因から言えば青年期心理と身体的発達と密接に関係しているため、いつの時代にも存在する。中高校生の青年期前半は第二次性徴が見られ、子どもから大人へと身体が移行する時であり、その変化・成長は心理に大きな影響を与えている。人にどう見られているか、どう評価されているかに敏感になり、必然的に若者ことばは身体について評価が加わった語が多くなる。また青年期は自己を発見する時期でもあり、アイデンティティを探求する時期である。そのため、自己に対しても他者に対しても批判的に見ることが増え、自他の比較による優越感・劣等感を伴った人に関する評価語（特にマイナス評価語）が多くなる。さらに青年期は自己主張が強くなり、拘束を嫌い、自由を求める。そのため、規範からの自由を求め、行動のほかにことばの規範からも自由を求め、いつの時代にも若者ことばは既存のことばの規範を破ってきた。大人から「ことばの乱れ」といわれるのはそのためである。具体的なことは第8章で述べる。

3）隠　語

　隠語も俗語である。隠語とは本来的には社会的集団内部の秘密保持・隠蔽のために内部の人間だけがわかるように造られ使用されることばである。しかし、使用が秘密保持・隠蔽のためとは限らない、すなわち隠す意図が消えた、一般社会では広く通じない別の言い換え語という意味のことばを指すこともある。前者が狭義の隠語なら、後者は広義の隠語である。隠語は反社会的集団や次に述べる業界用語に多く見られ、隠しているかどうかの観点から命名されたものである。

　もと禅宗の僧侶であった二代目林家正蔵作の落語に「こんにゃく問答」がある。この中で和尚に扮した八五郎が次のような僧侶の隠語を話している。

　　ああそうそう、こねえだ符牒（ふちょう）を教わっておいたな、酒のことが般若湯（はんにゃとう）、あわびが伏鉦（ふせがね）、卵が遠眼鏡、かつ節が巻紙、どじょうが踊り子、たこが天蓋（てんがい）（後略）

　僧侶は肉食、飲酒を禁じられているため、肉や酒を飲食することは公然とはしにくい。そこでそれらを指すことばを言い換えたのである。これが「符牒」とも呼ばれる隠語である。すなわち、酒→般若湯、アワビ→伏鉦、卵→遠眼鏡、鰹節→巻紙、ドジョウ→踊り子、タコ→天蓋と言い換えて隠語とした。なぜそういうのか少し説明しておこう。

こんにゃく問答

「般若湯」の「般若」はサンスクリット語で、「智慧」と訳され、最高の知恵を表す。「湯」は煎じ薬の意である。したがって最高の知恵の煎じ薬で煩悩を打ち破ることから言ったものであろう。

「伏鉦」は念仏を唱えるときにたたく鉦のことで、それがアワビと形が似ているから隠語でアワビを指す。

「遠眼鏡」は握り拳を目に当てて卵をのぞき見て新しいかどうかを調べることから、卵の意になった。

「巻紙」は書けば減ると鰹節の掛けば減るとを掛けたしゃれで、僧から盗人にも使用された。

「踊り子」は踊り子もドジョウもよくはねるからいう。ドジョウを入れた味噌汁を「踊り子汁」という。

「天蓋」は仏具で仏像などの上にかざす絹傘で、形がタコに似ているところからいう。いずれも江戸時代からある語である。

こういう隠語は僧侶ばかりではない。現代の例を挙げると、日銀に「ざぶん」「どぼん」という隠語があった。『朝日新聞』(1998年3月14日朝刊、天声人語)に次のように言及されている。

「ざぶん」「どぼん」。そんな隠語が日銀の営業局で使われているという記事があった。「ざぶん」は一人一万円程度の接待、「どぼん」は五万円前後の高額接待を意味するのだそうだ▼なぜ「ざぶん」なのか。日銀の人にも聞いてみたが、あまり要領を得ない。浅い池に飛び込めば「ざぶん」、深い池なら「どぼん」と音がする。浅い・深い＝金額の安い・高いを指している、との解釈もあるという。

この両語は他者に聞かれてはまずいことを言い換えて秘密保持のためにできた隠語で本来の意味とは異なる俗語である。それにしてもこの隠語はセンスに欠ける。

探偵は秘密裏に人を調べることが仕事なので人や行動の言い換えや、それを調べる道具の言い換えの隠語がある。「修理不可能」とはブス、「使える」は美人のこと。これはひどい隠語である。昔、学生語に「メダカブス」というのがあった。これはすくいようのないブスというしゃれで、まだ笑えたが、「修理不可能」とはずいぶんひどい表現である。「マル愛」は愛人、「マル依」は依頼人、「マル対」は調査対象者。これらは「マル語」と筆者は呼んでいるが、警察・税務署・保険会社・探偵など調査する業界に多い造語法で、秘密にしたいことがらの頭の文字を○で囲んでいい表したもの。探偵道具の言い換えの隠語もある。「ウサギ」「どら猫」「南京虫」は盗聴器、「猫」はカメラ、「子猫」は小型カメラ、「大猫」は望遠レンズがついた大型カメラである。

何を隠語にいいかえているのかは各集団の目標・構成員などによって異なっている。警察や探偵業界は秘密裏に調査することが多いので、人や人の行動に関する隠語が多い。隠語といっても、そこに遊び心が多少入っている。たとえば警察隠語で「さんずい」は汚職の意である。戦前、当用漢字が制定される以前に使われていたことばだが、戦後、当用漢字が制定されたとき、「瀆」が入れられなかった。かわりに同じ意味の「汚」が入っていたため、「瀆職」は「汚職」と言い換えられた。「瀆職」が使用されていたときに「さんずい」という隠語があったが、「汚職」になっても、「汚」はさんずいの漢字であったためにそのまま使われた経緯がある。以前、JR西日本が滋賀県のPRポスターに「さんずいの国」をうたい文句にした。しかし、上に書いたように「さんずい」は警察隠語では汚職のことであるから、滋賀県は汚職の県となってしまう。そこであるところから物言いがつき、このポスターは外されたことがあった。

また保険業界や税務署にも隠語がある。やはり審査や調査をすることが多いためである。これらは部外者に聞かれては具合が悪いために言い換えたものである。隠語はなにも調査・審査・検査する業界にだけあるのではない。そのほかにデパート・飲食店・小売店などの接客業やホテル・病院などのサービス業、タクシー・航空などの運輸業などにも多く見られる。これらの業界の隠語は接客するうえで、客に不快感を与えないように配慮したところから生まれた。これらはすべて俗語である。

隠語は業界用語のように職業的集団にのみ見られるのではなく、いやむしろ反社会的集団にもっとも多く、その他、学生集団にも見られる。
　これらは人に聞かれては都合が悪いために隠したことば、秘密保持のために隠したことば、すなわち隠語は改まった場で使う本来の語を言い換えたので俗語の下位分類の語である。人間は悪いこととは知っていても、自分の都合がいいようにことばを言い換えて罪責感を軽減しようとする。また都合の悪いことは隠そうとする。この種のことばはなくては困るが、その価値が研究者にも一般人にも十分認められていないのが現状である。

4）業界用語

　業界用語とは集団語の下位分類で、ある職業的集団に共通して使われる職業上の通用語で、職業上の利便性のために、あるいは遊び心で発生したことばを指し、必ずしも正式な専門語とは限らず、むしろそうでないほうが多い。職業的集団の中には製造業・流通業・小売業・接客サービス業・金融業・保険業・運輸業・通信業・マスコミ・芸能・スポーツ・官庁・警察など、さまざまな業種・職種が存在している。職業的集団は歴史の長さ、組織化の度合、また集団意識にも差があるため、業界用語といっても集団により、その志向・使用する語・造語法などにかなり違いが見られる。たとえばデパート業界は江戸時代の呉服屋の伝統を受け継ぎ、古い語を使用しているが、ホテル業界や航空業界は新しい業界で英語を好み、病院業界の医者たちは英語でカルテを書く現代でも患者にわからないようにドイツ語を隠語のように使う。詳細は第9章を参照。
　業界用語は職業上の利便性のために、言い換えれば客・利用者を配慮して業務の効率化と業務上の秘密保持のために生まれ、使われることが多い。まず効率化のために略語と頭字語が使われる。業務上の専門語は長い語が多いので、効率化のために略語が生まれるのは当然の結果である。テレビ業界では番組宣伝を「番宣」、カメラリハーサルを「カメリハ」、特別番組を「特番」と略す。銀行業界では代金取り立て手形を「代手」、計算違いを「算ち」、印鑑未徴収を「印未」と略す。また業務の効率化はアルファベットの頭字語を生む。ホテル業界ではアシスタント・マネージャーを「AM」、フロント・マネージャーを「FM」、荷物の少ない（light baggage）客を「LB」という。
　次に秘密保持のためには隠語が使われる。何を隠語に言い換えているのかは各

集団（業界）の目標・構成員などによって異なっている。警察や探偵業界は秘密裏に調査することが多いので、人や人の行動に関する隠語が多い。また保険業界や税務署にも隠語がある。やはり審査や調査することが多いためである。これらは部外者に聞かれては具合が悪いために言い換えたものである。先の探偵業界の「マル愛」「マル依」「マル対」のほかに、警察には「マル暴」（暴力団）、「マル害」（被害者）、「マル被」（被疑者）、「マル走」（暴走族）、保険業界に「マル契」（契約者）「マル生」（生涯設計書）「マル正」（正社員）、税務署に「マル査」（国税局査察部）「マル是」（申告是認）「マル3」（民主商工会）などがある。

業界用語は同じ集団語でも若者ことばとは異なり、強調表現・流行語・ことば遊び・もじりなどは少ない。これは職業的集団と学生（若者）集団の目的や重視することが異なるからである。すなわち若者ことばは会話の娯楽・促進などのために使うのに対して、業界用語は業務の効率化や秘密保持のために使う。また若者ことばは会話のテンポ・インパクトや笑いなどを重視するが、業界用語は業務と客・利用者を重視する。

これに関連して、若者ことばで次々に新しいことばが登場して消えていくのとは異なり、業界用語は一般的に業界の伝統・習慣同様、ことばも受け継ぎ、寿命が長い。流行と関係なく、古いことばを使用している。映画業界は活動写真当時のことばを今も使用し、テレビ業界は映画業界から受け継いでいる。

5） 軟派の流行語

政治・経済などの分野や政治家などが発生源の硬派の流行語、たとえば「臥薪嘗胆」「複雑怪奇」「冷たい戦争」「曲学阿世」「もはや戦後ではない」などは俗語ではない。「臥薪嘗胆」は1895年、日清戦争後の三国干渉により遼東半島を中国に返還したときの恨みつらみをいい表したことばである。もちろん、中国の故事成句に由来する。「複雑怪奇」は1939年、ドイツが突然、ソ連と不可侵条約を結んだとき、平沼騏一郎首相がいったことばである。「冷たい戦争」は1948年頃からの米ソの冷戦のこと。「曲学阿世」は1950年、吉田茂首相が南原繁東京大学総長を「曲学阿世の徒」と非難したところからはやったことばである。

しかし、流行歌、映画、テレビ、漫画、お笑いタレントやお笑い番組、CMなどが発生源の軟派の流行語は俗語である。もと活動弁士から漫談家・俳優になった徳川夢声が1929年に造語した「彼氏」はそれ以前にあった「彼女」の2字に

合わせて「彼」に「氏」を付けたものである。『岩波国語辞典 第七版』は「彼氏」を俗語としている。同じ頃、流行語になった「オーケー」は流行歌「ザッツ・オーケー」(多蛾谷素一作詞・奥山貞吉作曲、1930 年)からはやった。それまであった「オーライ」にとってかわる俗語になった。

　1958 年、石原裕次郎が映画『鷲と鷹』で盛んに使って流行語になったかっこいいの意の「いかす」は日常語となり、また当時、流行歌にも取り入れられた俗語であった。美空ひばりの『白いランチで十四ノット』に「チョイといかすぜマドロス娘」、フランク永井の『西銀座駅前』に「いかすじゃないか西銀座駅前」と歌われていた。

　漫画『Dr. スランプ』の主人公アラレちゃんが使うことば「アラレちゃん語」の「ンチャ」(こんにちは)・「バイチャ」(バイバイ)・「ホヨ」(あれっ) などは女の子にはやった。これらは俗語である。「バイチャ」は今でもたまに耳にする。

　ところで、流行語が一般化して俗語でなくなることがある。その例に「ハッスル」がある。「ハッスル」は英語 hustle で張り切る意である。アメリカ大リーグでは以前から盛んに使われていたが、阪神タイガースが 1963 年春、デトロイト・タイガースの誘いを受け、アメリカのフロリダにキャンプに行ったとき、使われているのを耳にし、それを日本に持ち帰って使った。それからマスコミにも取り上げられ一気に広まった。しかし、英語 hustle には俗語で娼婦が客引きをする意があったため、NHK は放送禁止用語に指定した。その背景には翌年に東京オリンピックを控えていたことがある。外国からの観光客が「ハッスル」を聞いて誤解するのではないかということがあった。その後、一般に定着し、NHK 教育テレビで「みてハッスルきいてハッスル」という番組を放送するまでになった。

同様に「BG」(ビジネスガール) がアメリカの俗語でバーガール (売春婦) を指すので、放送禁止用語にした。そして 1963 年、女性週刊誌『女性自身』が名称を公募して「OL」(オフィスレディ) が採用されたということがあった。

2

俗語は何のために使うのか──目的と機能

　俗語は何のために使うのかとは、言い換えれば、俗語の機能をどう生かして使うのかということである。以下に七つの目的（強く表現するため・和らげるため・親しむため・笑うため・進めるため・隠すため・忌むため）を説明する。

2.1　強く表現するため

　人はだれしも嫌なことが起きたとき、思いに反することが起きたときなど心がいらだつと、その気持ちを思わず口に出して言ってしまう。それは大声で叫んでみたり、小さいが強く言ったり、激しく言ったりする。このようなとき、「荒い」「汚い」「強い」「下品」「侮った」などの語感をもつ俗語を使う。俗語は一般語に比べ、感情・心情をよりストレートに、より強く表現でき、その結果、心の浄化や発散に役立っている。いわゆるカタルシスの効果がある。こういう俗語がないとストレスがたまるだろう。また、相手に衝撃を与えるような、相手に強く迫ろうとするときにもこの語感をもつ俗語を使う。

　この代表的なのが罵詈雑言の俗語である。清水義範『日本語の乱れ』侃々諤々（集英社、2000年）に次のような例がある。
- ・わが国始まって以来のインチキのくず野郎とでも言うしかない
- ・黙れ、そ、そっちこそ下司野郎じゃないか
- ・あのバカ女、超むかつく
- ・泥棒猫じゃねえかよ
- ・その仁義破ったら、女として最低で、メス豚扱いされても文句言えねえとこだよ
- ・あー、ちくしょう。超ムカだぜ。くそ。マジやってられねえよ

・「そんな話が通るもんかね。バカ言うんじゃないよ」「バカとは何だ、バカとは。あんたごときにバカ呼ばわりされるいわれはないんだ。ぶ、無礼にもほどがある」
・このもうろく爺いめ
・そういうのは犯罪なんだ。わかったかねボケ爺い

「野郎」は「この野郎」「ばか野郎」「くず野郎」「げす野郎」のように罵る気持ちが含まれており、そう言うことでその人を下に引き下ろし、優越感をもつことができる罵倒語である。谷崎精二『教壇生活30年』（東方社、1955年）に、

> もう十年ほど前だが、学校の掲示場に「S教授本日休講」という掲示が出たのを見た一学生が「Sの野郎休みやがつたな」と呟いたのを、故片山伸先生が通りかゝつて耳にされて「教師を捉えてSの野郎とは何事だ」とひどく激昂されたのを覚えている。

と、休んだ教師に面と向かってではないが、「野郎」「やがる」と俗語を使うことによって、せっかく授業に出るために大学に出て来たのに何だといういらだちを浄化している。いずれにしても、「ちくしょう」や「野郎」などがなかったら、どんなにか鬱積した気分でいなければならなかっただろう。また、「ばか」「ばか女」「泥棒猫」「メス豚」「もうろく爺い」「ボケ爺い」も直接本人にいったり、あるいは直接ではないにしてもレッテルを貼ったりして感情・心情をストレートに強く表している罵倒語である。

顔の醜い女性をさげすむ「ブス」もこの種の俗語である。酒井順子『たのしい・わるくち』（初出は1996年、引用は文春文庫、1999年）にブス嫌いの女性が言う悪口に、「見ず知らずのブスに対して、彼女達の対応は厳しい」と次のような例が出ている。

・ブスのクセに変に露出度が高くて色っぽい格好してる人って、後ろから跳び蹴りしたくなるよね
・ブスが妙にはしゃいでる姿を見ると、なんだか無性にイラつく
・ブスって男に甘えちゃいけないと思わない？　見苦しいよね

そのほか、かつて女性の醜いことを表す俗語に「人三化七（にんさんばけしち）」や「おかちめんこ（おかちいし）」があった。前者は人間の要素が三分、化け物の要素が七分という意で、明治初期から昭和30年頃まで使われていた強烈な語である。「人三化七というご面相の女」などと使った。後者は雄勝石で作ったメンコがつぶれたような顔の意で、昭和の

語である。映画『男はつらいよ』の寅さんも「さくらみたいなオカチメンコが」と使っていた。いずれも現代では聞かなくなった。この種のことばの「おたふく」や「おかめ」も同様に聞かなくなった。その他、不美人を表す「衛生美人」「肉体美人」「ウンシャン」「ドテシャン」などの遊び心のある俗語も消えた。この種の俗語にもはやりすたりがあり、それらにかわって最近では「不細工」をよく聞くようになった。これは男女ともに使える語で、近年、男女を区別していう語が減り、両性にいえる語が便利なために使われる傾向にあるといえる。しかし、この俗語は遊び心がなく、直接的な表現でおもしろくない。

以上のような強烈な単語を使用する以外に、相手により強く、迫力のある、強烈なインパクトを与える俗語表現には二つのパターンがある。一つは強い意志を表す俗語を文末に付加する場合、もう一つは命令形の俗語を使用する場合である。

前者の強い意志を表す俗語の代表例に「～もんか」がある。「もんか」は「ものか」の変化した形で、「お前に俺の気持ちがわかるもんか」「あいつに彼女を渡すもんか」のように強く否定する気持ちを表す。

後者の命令形の俗語の代表的な例に大阪弁の「ざま見され」「ざま見さらせ」「ざま見やがれ」「ざま見くされ」や「今に見て（い）され」「今に見て（い）さらせ」「今に見て（い）やがれ」「今に見て（い）けつかれ」がある。「くたばる」の命令形「くたばれ」は迫る表現である。同様に「大学なんか、くそ食らえだ」の「くそ食らえ」、「命が惜しかったら、とっととうせろ」の「うせろ」や「うそつけ」なども相手に迫る表現である。

2.2　和らげるため

人はいつもいらだってばかりいるわけではない。また、俗語がそういう心ばかりを表すわけでもない。相手に直接嫌なこと、露骨なこと、タブーなことなどをいうのを避けて、相手への悪い印象やその場の雰囲気や恥ずかしさを和らげようとする心がある。そのようなときにも俗語を使う。特にけなしや批判することばをそのままいうより、笑いを含んだ俗語を使えば緊張した場面を和らげることができる。その際、「軽い」「幼稚」「俗っぽい」「くだけた」「ふざけた」などの語感をもつ俗語を使うことが多い。これは意外にも俗語のプラス効果の面といえる。

和らげる俗語は3種類に分けられる。第一は、元の語に和らげる接頭語や接尾語を付ける場合。たとえば、「ばか」より「ばかちん」は柔らかく、「アメ公」よ

り「アメちゃん」は柔らかい。「うんこ」より「うんち」、「下痢」より「下痢ピー」はかわいらしく聞こえ、「うんち」より「ウンチング」は露骨ではなく、「邪魔」より「お邪魔虫」は非難の程度が弱い。「ちび」より「おちび」、「でぶ」より「でぶっちょ」「おでぶちゃん」、「がき」より「がきんこ」「がきんちょ」は卑しめる程度が弱い。このような和らげる俗語は接頭語「お」や接尾語「ちゃん」「ちょ」「ちん」などを付けて語感を和らげることが多い。

　第二は、別の語に言い換える場合。たとえば「年寄り」より「シルバー」は侮蔑感は薄れてなくなり、「（一回）離婚した（者）」より「バツイチ」は重い暗いイメージがない。「キス」より「チュー」は恥ずかしさが軽減され、「セックス」より「エッチ」は卑猥感が薄れる。「トイレに行く」より「西海岸に行く」(「西海岸」は英語で West Coast といい、頭文字が WC)、「録音に行く」（録音→音入れ→おトイレ）はしゃれている。戦前の女学生用語には「お下屋敷」「花摘み」があった。これもトイレ（に行く）のことである。

　第三に、相手に何かをいった後に付け加える場合。「なあんちゃって」というと、先のことばは誇張やうそであったり、そんなに真剣に受けとらなくてもいいことであったりというニュアンスである。たとえば、橋本治『桃尻娘』（初出1977年、引用は講談社文庫、1981年）に

　　その点日本酒はねえ、いいんだ。トローンとして、官能の極致、なーンちゃって、うっかりすると止められなくなっちゃうワ。

とある。また、これは照れ隠しにいうことばでもある。泉麻人『泉麻人のコラム缶』（初出1988年、引用は新潮文庫、1991年）に会社で上司から「食べて、いいかな」と聞かれたとき、

　　多くのOLは「ハァ？」と一瞬ためらったのち、「いいとも……」と小声でささやいたり、「いいとも」のあとに「なーんちゃってね」とテレ隠しの常套句をつけることによって、"自分は本気でない"という態度を表明する。

と使われている。

2.3　親しむため

　「和らげる」をさらに強く前面に押し出すと「親しむ」になる。親しみを与えたり仲間意識を強めたりするときには、「くだけた」「俗っぽい」「おおげさ」「幼稚」「リズミカル」などの語感をもつ俗語を使う。仲間内の楽しい会話などで、また

は親愛関係ではないが打ち解けた雰囲気を作りたい場面で有効に働く。これも俗語のプラス効果の面である。例を挙げると、「ご名答」「正解」というより「ピンポーン」と俗語を使って親しみを与える。ちなみに「ピンポーン」や「ブー」はテレビのクイズ番組で正解や不正解を表す音からきているが、30年前から若者の間では口頭で使っていた。

「こないだきみんちの近くまで行ったんだ」の「こないだ」は「このあいだ」の、「きみんち」は「きみのうち」の、「んだ」は「のだ」のくずれた語形である。これらは「くだけた」語感の俗語である。このように「くだけた」語感の俗語は元のことばが規範にあり、仲間内で話したい、言いやすく発音したいなどと意識して語形がくずれたものであるから、親しむためにはもってこいのことばである。「のうち」が「んち」になる例はそのほか「おまえんち」「うちんち」「じぶんち」「ぼくんち」「わたしんち」などがある。また「ので」→「んで」、「のとき」→「んとき」(「そんとき」)、「のとこ」→「んとこ」(「そこんとこ」)、「もの」→「もん」、さらに「にち（日）」→「んち」(「はちんち」)になる。「れじゃ」→「んじゃ」(「そんじゃ」)、「れだけ」→「んだけ」(「そんだけ」)になる。いずれも撥音「ん」になり、音のイメージのようにはねて「くだけた」語感がある。

「くだけた」語感は促音「っ」を入れることでも表せる。「そうか」は「そっか」、「ここから」「そこから」「どこから」は「こっから」「そっから」「どっから」になるとくだけた語感になる。コソアドの指示代名詞に接続するときに「ん」「っ」が現れる。

「俗っぽい」語感の俗語は物の俗称やたとえから受ける、正式ではない、規範的ではないと感じる語感の語で、親しみを与えることができる。以下のような例がある。

・帰りに<u>赤提灯</u>によっていっぱい引っかけていこう。（一杯飲み屋）
・転んでけがをして、<u>赤チン</u>を塗った。（マーキュロクロムの水溶液）
・うちの<u>大蔵大臣</u>は三食昼寝付き。（主婦）
・おまえの<u>脳みそ</u>、腐ってるんじゃないの。（脳）

この他に「赤点」（落第点）・「一六銀行」（質屋）・「いちきゅっぱ」（1980円）・「エッサッサ」（ESS）・「おたまじゃくし」（音符）・「げじ眉」（濃い太い眉）・「鈍行」（各駅停車する列車）・「ブタ箱」（留置場）・「ホニャララ」（正解を隠すときのことば）・「山の神」（妻）などがある。なお、「ホニャララ」はテレビ番組「ぴったしカン

カン」の司会者久米宏が番組内で使って広まったことばである。

静月透子『すっぴんスチュワーデス　人生は合コンだ！』4章（祥伝社黄金文庫、2001年）に、

　静月の本家にはお婿サマがいらっしゃったんだった。あんれまーーーあっ！

と使われている「あんれまあ」は「おおげさ」な語感の俗語である。この種の俗語は様子・たとえ・表現が誇張されてオーバーな感じの語や言い回しで、親しみを与えることがある。中高年の男性がしばしば使う「一万両」（一万円）や「感謝感激雨あられ」もこの例である。

オノマトペを使った俗語「チンする」は電子レンジで温める意で、「幼稚」な語感の俗語である。この種も使われると親しみを感じることがある。正解の反対の不正解の答えに対して「ブー」とか「ブッブー」というのもこの例である。「チン」・「ブー」・「ポンポン」（お腹）・「チューする」（キスする）などのオノマトペを使った俗語は親しみやすい。

「あたりきしゃりき（けつの穴ブリキ）」などという言い回しはいかにも調子がいい「リズミカル」な語感で、この種も使われると親しみを感じることがある。

2.4　笑うため

ことばを遊びの対象にして、自ら楽しみ、また周囲を笑わせることがある。笑うためにことばを使用している。その際に「ふざけた」「軽い」「くだけた」「幼稚」などの語感の俗語を使う。この俗語にはことば遊びによってできた語がかなりあり、娯楽の役割がある。語呂合わせやもじりや駄じゃれなどは江戸時代以来の伝統があり、現代の親父ギャグに受け継がれ、よく聞かれる。また俗語の中でことば遊びがもっとも多いのは若者ことばである。若者ことばは仲間内の会話に使用するために、おもしろくなければ会話ではないと考えているところから生まれた、会話のノリを求めたことばなので、やたらと珍奇な語を造り出す。以下の例のうち年版は『現代用語の基礎知識』（自由国民社）の若者用語に最初に掲載された年版を表す。

　語呂合わせに次の例がある。
　　「いいかげんにしろくろテレビ」（1985年版）
　　「いただきマンモス」（1986年版）
　　「おつかレンコン」

「かってにシロクマ」（1988 年版）
「ごちそうサマンサ」（1988 年版）
「こっぱみじんこ」
「（～して）クレオパトラ」（1988 年版）
「冗談はよしこさん」（1984 年版）
「そんなことアルマジロ」（1990 年版）
「そうは問屋が大根おろし」（1987 年版）
「そんな話は吉野屋」（1981 年版）
「もうひとふんどし」（1983 年版）
「やっぱりパセリ」（1988 年版）

　ことば遊びには他に「もじり」がある。俗語にはもじりによってできた語が少なくない。この種のものに「オールドオス」（「オールドミス」のもじりで、独身の年がいった男性）・「ヨルバイト」（「アルバイト」のもじりで、夜のアルバイト）・「テクシー」（「タクシー」のもじりで、徒歩）などがある。戦後の東京大学の学生語に「メチローゼ」「オチローゼ」があった。前者はメッチェン（女の子）に夢中になっていること、後者は「オッチェン」（「メッチェン」のもじりで、男の子）に夢中になっていることである。

　近年ほとんど使われなくなってきており、また、この種のもじりも減っており、ウイットに富む造語が少ないのが現状である。これについては拙著『俗語発掘記　消えたことば辞典』（講談社、2016 年）を参照されたい。

　さらにことば遊びの俗語に擬似外国語、外国語もどきがある。江戸時代、平賀源内はオランダ語もどきの語をひねり出し、押し出し式ノリを「オストデール」、蚊取り器を「マーストカートル」といった。明治以降、オランダ語もどき、英語もどきのふざけた新語がいろいろ造られた。多くは昭和初期のもの。用例は拙著『日本俗語大辞典』を参照されたい。

　私が小学生の頃（昭和30 年代）、父がよくいっていたのが「オストアンデル」「スワルトバートル」「ヒネルトジャー」で、ばかばかしさがたまらなく楽しかった。「イキムトヘーデル」「オストアンデル」「スワルトバートル」などは明治時代に造られた語で、昭和 30 年代までは確実に使われていたが、最近まったく聞かなくなった死語だ。

　ことば遊びの俗語はまだある。「馬鹿」と「カップル」の混淆は「バカップル」、

スワルトバートル　　　オストアンデル　　　ヒネルトジャー

「もちろん」と「オフコース」の混淆は「もちコース」、「パーフェクト」と「完璧」の混淆は「パーペキ」といった。戦前の旧制高等学校の学生語に「オジンケル」(「おじさん」とドイツ語 Onkel の混淆でおじさん)・「オバンケル」(「おばさん」とドイツ語 Onkel の混淆でおばさん)があった。

以上から、遊びの心を表した俗語は造る娯楽と使用する娯楽があって、親しい者の会話に欠かせないものである。

2.5 進めるため

長いことばを短くして早く言い表したいときがある。また長い説明文を簡潔にいい表したいときや会話のノリをよくしたいときがある。そんなとき、短いことばで、説明することなく効率的に表せ、会話をテンポよく進める「リズミカル」「俗っぽい」「くだけた」「おおげさ」「ふざけた」などの語感をもつ俗語を使う。

20年ほど前のこと、女子大生が「きよぶたしたら」というのを聞いた。「清水の舞台から飛び降りる」を略していったもので、長ったらしいことばを短くし、かつ新しい語感を出したもので思わず吹き出した。これなどがこの良い例といえる。

略語の俗語の例はきわめて多く、単語の省略もあれば句や文の省略までもある。
朝一・朝シャン・エンスト・逆玉・筋トレ・金ぴか・銀ブラ・ゲーセン・ゲバ・合コン・腰弁・コスプレ・ごち・コネ・コミケ・コンビニ・サイケ・ざけんな・察・茶店・サラ金・シャーペン・就活・スケボー・スタバ・スノボ・スポ根・セコハン・センチ・せんみつ・だめもと・だら幹・断トツ・着メロ・ツアコン・ツーカー・月一・テレクラ・天パー・どたキャン・ドンパチ・ニ

コポン・ノーパン・ノーブラ・ノンポリ・パー券・ビニ本・百均・ひらとり・昼メロ・ピンキリ・ファミレス・へそ茶・マクド・マザコン・ミーハー・耳タコ・メアド・モス・もとかの・もとかれ・約手・ラジカセ・留守電・ロリコン

　これらの略語はニュース放送でアナウンサーが使うことがなく、多くは元の語を使用している。「ゲバ」はドイツ語の「ゲバルト」の略で、「内ゲバ」などと現在でも使われている。「コンビニエンスストア」は10拍と長いが、ニュースでは「コンビニ」とはいっていない。しかし、日常の会話なら逆に「コンビニエンスストア」といわず、「コンビニ」といっている。「せんみつ」は江戸時代からあることばで、千に三つぐらいしか本当のことがない、大ぼら吹きのこと。これを「せんみつ」と4拍に簡単にしている。「断トツ」は「断然トップ」の略であるが、その語源意識もないくらい普及している。「ミーハー」は日本語だと知らなかったという人に何人にも会った。「ミーチャンハーチャン」は明治の中頃から使われている語で、「ミヨ」「ハナ」などという女性の呼び名から出たもの。その省略「ミーハー」は戦後のことばである。「耳タコ」は慣用句「耳にたこができる」の略、「約手」は「約束手形」の略である。

　業界用語にはこの種の略語が多いのは業務の効率化のためである。茂出木心護『洋食や』（中公文庫、1980年）に八百屋の用語が出ている。その中から略した例を取り上げると、

　　なまじい（生椎茸）・ベツ（キャベツ）・れん草（ほうれん草）・のこ（たけのこ）・やつ（やつがしら）

があり、洋食屋にも

　　オム（オムレツ）・メンボ（メンチボール）・ヤサラ（野菜サラダ）

ということが記されている。これらは仲間内で使われるため、略していうのが普通である。

　また、古川緑波『悲食記』（学風書院、1959年）に飲食店で注文を厨房に通すときの略したおもしろいことばが記されている。

　　「エビラン一チョウ！」

　　と、叫ばれた時は、面喰つた。

　　或る劇場の食堂でのこと。

　　エビランとは何だろう？　卓上のメニュウを調べてみると、あつた。エビフ

> ライランチというのが。
> これだよ、きっと。
> エビフライランチを、エビランと言う。(略)
> エビランも相当なるオドロキであつたが、それよりも、もつと感じの悪かつたのは、銀座のバアで、オードヴルを略して、オードと言はれた時だ。オードつてのは、嘔吐を連想して、嫌な気持である。

古川緑波『ロッパ食談』(東京創元社、1955年)には喫茶店での女店員が注文を厨房に通す時の略語を記している。

> レモンソーダのことを、女店員は、「レンソー」と略して言ひ、ストロベリーソーダーは、ストソーと言つてゐたのを思ひ出した。
> 「えゝ、レンソー一チョウゥ！」
> とは然し、きくだに涼しいではないか。

「レンソー」は八百屋ではほうれん草だが、喫茶店ではレモンソーダーを指す。
どの集団にも略語は多いが、とりわけ学生集団のことば（若者ことば）には多い。なぜ多いのか理由を考えてみよう。第一は会話のスピードを上げ、会話のノリ、テンポをよくするためである。若者ことばは会話のノリのことばといってもいいほどで、略語は欠かせない。第二はことばを軽く扱っているため。現代社会はあらゆる意味でことがらが曖昧になり、規範を失い、アイデンティティを失っている。ことばの意味も曖昧で、浮遊しているため、扱いも軽く、どんどん省略されていくのである。第三にことばの娯楽のため。会話を楽しむためには従来の語とは違った語形、音を造ることでおもしろさを出し、会話を促進させている。

次に、説明的な語ではなく、視覚的または聴覚的な表現で会話を進めることがある。視覚的な表現の俗語に次のような語がある。

うんこ座り・げじ眉・象足・たらこくちびる・ババシャツ・へっぴり腰・耳がダンボ（耳ダンボとも）・目が点（目点とも）

「うんこ座り」は不良などがたむろして取るしゃがむ姿勢。まさに和式トイレでの格好であることがわかる。「象足」などはそのままよくわかる表現である。「耳がダンボ」はディズニーのキャラクターのダンボという子象のように耳を大きくして聞き耳を立てること。

聴覚的な表現に次のような語がある。

ガチャガチャ・カチンコ（映画の撮影の際にカメラの前に出す、小さな黒板

のついた拍子木。かちんと音がするところから）・ゲー（嘔吐）・ゲーゲー（嘔吐）・ゲロゲロ（不快な気分）・チンする（電子レンジで温める）・ピーピー（下痢）・ブー（不正解）・ルンルン（弾む気分）

「チンする」は電子レンジが一般化した1980年代から使われている俗語で、レンジの音が「チン」でなくなった今でも幼児から高齢者まで使用している。「ルンルン」はテレビアニメ『花の子ルンルン』（1979年～1980年放映）から出たことばで1980年代から広まった。ウキウキした気分がよく出ている。

2.6 隠すため

人は都合が悪いことは隠そうとする。そういうときに使われるのが隠語である。隠語は、改まった場で使う本来の語を言い換えたので俗語の下位分類の語である。人間は悪いことと知っていても、自分の都合がいいようにことばを言い換えて罪責感を軽減しようとする。

前出の『悲食記』に戦前、黄檗宗（おうばく）の普茶料理屋（ふちゃ）に行った時のことが書いてある。

「酒を持つて来てくれ」と、女中に云うと、その、いかめしいユニホームを着た彼女は、「は。般若湯でございますね。」と、念を押すように云つてから、持つて来た。

仏門では、酒のことを、般若湯というのだということは知つていたから、これは別に驚かなかつたが、次にビールを命じた時にはちよいと驚いた。

「ビールをくれ。」

「はい、泡般若でございますね。」

と女中が云つた。

「アワハンニヤ？」

ききとれなかつたので、僕はきき返した。ビールのことを、泡般若と称することを、この時はじめて知つた。

なんと「ビール」を「泡般若（あわはんにや）」という。うまい言い換え語である。そのほか僧侶の隠語に「嘆仏（たんぶつ）」（刺身）・「阿弥陀経（あみだきょう）」（こんにゃく）・「かなぐつ」（馬肉）・「剃刀（かみそり）」（鮎）などがある。

さて、隠語は社会集団が内部の秘密保持のために内部の人間だけがわかるように造られ使用されることばである。「造られ使用されることば」には新造語もあれば既存語を転義した語もある。例を挙げると盗人やスリの隠語「商い」は盗む、

2.6 隠すため

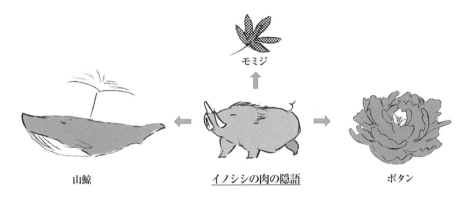

山鯨　　　　イノシシの肉の隠語　　　　ボタン

すりとる意で、まっとうな商売のことではない。「盗み」「すり」といえば、外部の人間に聞かれた場合、具合が悪いため、言い換えて「商い」といっている。

しかし、契機も使用も秘密保持のためとは限らない例も多くある。たとえば、囚人間のことば「楽隊」は刑務所の食事に出る豚肉とジャガイモの煮付けのこと（トンジャガだから）で、造語の契機は秘密保持のためであったと思われるが、今では単なるしゃれっけのある言い換えにすぎない。「商い」が元来の狭義の隠語とするなら、「楽隊」は隠す意図が消えた、一般社会に通じることばではない、別の言い換え語という意味で、広義の隠語といえる。

昔は僧侶以外でも肉食を忌んでいたので、いろいろと言い換えた隠語があった。獣の肉は「山鯨」に言い換えた。江戸では「ももんじい」（妖怪の意）といい、それを売る店を「ももんじ屋」といった。俗にはあからさまに「けだもの屋」といった。江戸の麹町通りに有名なももんじ屋があったので、「麹町」はももんじ屋の代名詞となった。

獣の肉は隠語に言い換えられ、イノシシの肉は「ボタン」「山鯨」「モミジ」といった。「ボタン」は図柄「獅子に牡丹」から来たもの。牛肉は「モミジ」「冬ボタン」、鹿肉は「モミジ」、馬肉は「サクラ」「けとばし」といった。したがって「モミジ」はイノシシの肉・牛肉・鹿肉の3種を表す。多くは肉の赤色からの連想である。このように「モミジ」「ボタン」「サクラ」のような植物名に言い換えると美化されて嫌悪感がなくなる。

参考に大正時代から昭和初期の隠語辞典類から例を引用しておこう。

① 『隠語輯覧』（京都府警察、1915年）「けとばし　馬肉」

② 『新らしい言葉の字引』（実業之日本、1918年）「けとばし　馬肉のこと。馬

脚が物を蹴飛ばすところから、隠語として用ひるやうになつた。」

③『通人語辞典』（二松堂、1922 年）「ケトバシ（蹴飛し）馬肉のこと。馬は物を蹴り飛ばす所からこの名が起つたのである。「ケトバシヤ」と云へば馬肉屋のこと。」

同「サクラニク（桜肉）馬肉のこと。馬肉と云つてはぞつとしないから、桜色でもないがやゝ似かよつた色をして居るからこの名がある。」

同「ヤマクヂラ（山鯨）猪の肉のこと。猪は山に住むが、海の鯨に相当するからである。」

④『かくし言葉の字引』（誠文堂、1929 年）「さくら　桜　花　馬肉のことをいふ。馬肉は桜色を呈して居るから。」

同「もみぢ　紅葉　牛肉のことをいふ。馬肉の事を桜といふ。共に紅いから。」

同「やまくぢら　猪の肉のことをいふ。」

⑤『チヨーフグレ』（文献研究会、1930 年）「けとばし〔蹴飛し〕（不）馬肉のこと。」

同「やまくぢら　（花）猪の肉のこと。猿の肉を「モモンジ」馬肉を「サクラ」牛肉を「モミヂ」といふ。」

⑥『司法警察　特殊語百科辞典』（司法警務学会、1931 年）「けとばし〔蹴飛〕牛肉。「桜肉」ともいふ」

同「さくら〔桜〕市街の繁華な場所○酒類○馬肉」

隠語はその性格から反社会的集団（盗人・スリ・詐欺師・テキ屋・暴力団・不良少年・麻薬常用者など）に多く見られるが、それ以外にも非反社会的集団（職業的集団・趣味娯楽集団・学生集団）にも見られる。たとえば、職業的集団のデパート店員間でトイレに行くことを「遠方」「新閣」「仁久」などという。これは客に聞かれてはまずいので、意味がわからないように言い換えた隠語である。詳細は拙著『集団語の研究　上巻』（東京堂出版、2009 年）を参照のこと。

2.7　忌むため

病院や駐車場では数字の4が嫌われて、その番号がないところが多い。シが「死」に通じて縁起が悪いからである。同様に9は「苦」に通じるために嫌われる。また、花柳界・商家などでは縁起が悪いことばは言い換えられて使われる。これを忌詞という。古くは斎院の忌詞があった。平安時代の『皇太神宮儀式帳』には

人を打つことを「なづ」、仏を「中子」、寺を「かはらぶき」、法師を「髪長(かみなが)」、死を「なほりもの」、病を「慰み」、血を「汗」などの例がある。

　近現代の例を挙げると、商家では「するめ」は「あたりめ」という。これは「する」が損する意で縁起が悪いというので、反対の「あたり」に言い換えたもの。同様に「すりばち」は「あたりばち」、「すりこぎ」を「あたり棒」、「すずり箱」は「あたり箱」、「かみそり」は「あたりがね」と言い換える。「梨」は客が無しでは縁起が悪いので、反対の「有り」を使って「ありのみ」という。「塩」は「波の花」という。塩の「し」が「死」に通じるためである。花柳界で「お茶」を「上がり花」という。客が来ないとき、芸娼妓は客に出すお茶を挽くところから、客が来ず、暇なことを「お茶を挽く」といって嫌った。そこから客が上がるという縁起のいい「上がり花」に言い換えられた。

3

どのように俗語を造るのか

3.1 俗語の造語法

単語の造り方を造語法という。その中から俗語の造語法をいくつか例を挙げて説明することにしよう。その後、一般語の造語法と違いを述べることにする。

1) 借用
外国語や方言や他の集団から借用する。

①外国語から…外来語がこれに当たる。一般語の造語法も外国語からの借用は非常に多い。

戦前によく使われた学生の俗語に「シャン」があった。ドイツ語 schön（美しい）から、美人の意。「トテシャン」は「とてもシャン」の略で、とても美人の意。その他の例に「ゲル」（ドイツ語 Geld からお金）・「メッチェン」（ドイツ語 Mädchen から女の子）・「ルンペン」（ドイツ語 Lumpen から浮浪者）・「ウルトラ」（英語から超の意）・「チョンガー」（朝鮮語から独身者）など数多い。

②方言から…日本各地の方言からの借用。一般語ではあまりない。方言は俗語として意識されている。

「うざったい」は奥多摩方言から借用した若者ことばで、略されて「うざい」となり、全国に広まった。その他の例に「ぶち」（広島方言から「非常に」の意）・「めっちゃ」（関西方言から「非常に」の意）・「ばり」（博多方言から「非常に」の意）・「なまら」（北海道方言から「非常に」の意）などがある。「いいじゃん」の「じゃん」は静岡方言から横浜、東京に入り、全国に広まった。

③他の集団から…他の集団、中でも犯罪者集団からの借用が多い。一般語では相撲や柔道、競馬などから用語が入ってきている。

日本各地の方言

「がさ」は「捜す」から警察用語で家宅捜査の意。「げろ」は「告げろ」の警察用語から自白の意。「察」は香具師用語で「さつけい」の略から警察の意。「だち」も香具師用語から、友達の意。「でか」は香具師や犯罪者の用語から刑事の意。「やばい」は盗人などの隠語で危ないの意。

2) 省略
語の一部を省略する。一般語も省略は非常に多いが、多くは下略や上下略である。

①上略…語の上の部分を省略する。上の部分を省略すると元の語がわからなくなるため、隠語になりやすく犯罪者集団に多い。一般語にはない。
（例）害者（「被害者」）・喝（「恐喝」）・だち（「ともだち」）・族（「暴走族」）・ぱしり（「使いっぱしり」）・ぶくろ（「池袋」）・薬（「麻薬」）・らくちょう（「有楽町」）

②下略…語の下の部分を省略する。
（例）かねも（「金持ち」）・ゲバ（「ゲバルト」）・チャリ（「チャリンコ」）・マクド（「マクドナルド」）

③中略…語の中間を省略する。若者ことばに多く、形容詞にしばしば見られる。
（例）うっとい（「うっとうしい」）・けばい（「けばけばしい」）・なつい（「なつかしい」）・はずい（「はずかしい」）・むずい（「むずかしい」）・めんどい（「めんどうくさい」）

④上下略…複合語の前項と後項の一部を省略する。
（例）外タレ（「外人タレント」）・カメリハ（「カメラリハーサル」）・ヤンエグ

(「ヤングエグゼクティブ」)・ろう勉 (「ろうそく勉強」)

⑤句や文を短縮する。

(例) ガンブ (「顔面不細工」)・くちぱく (「口をぱくぱく動かす」)・どたキャン (「土壇場でキャンセル」)・目点 (「目が点になる」)・やらはた (「やらずにはたちになる」)

3) 倒　置

後ろの音節を前にもってきて倒置する方法。犯罪者集団、香具師やバンドマンに多く、一般語にはない。

(例) グラサン (「サングラス」)・くりそつ (「そっくり」)・ぐりはま (「はまぐり」)・ジャーマネ (「マネージャー」)・じんがい (「外人」)・まいう (「うまい」)・れこ (「これ」愛人・お金の意)

4) 読みかえ

漢字の音を訓読みに変えたり、訓読みを音読みに変えたりする方法。

(例) 訓→音　ぶつ (物)・がん (眼)、　音→訓　まつたけ (松竹)

5) 文字による造語

漢字を分解して造る。4.2節 (55〜56頁) を参照のこと。

(例) くノ一 (「女」)・ヒコページ (「顔」)・マメページ (「頭」)・ロハ (「只」無料の意)・トロゲン (「吉原」)

6) 言い換え

ある語をそれに関係する語に言い換える方法。

(例) (鳥肌→) チキン肌・(しらける→) ホワイトキック・(ワンパターン→) 犬の卒倒・(質屋→) セブン・(恐喝→喝あげ→) フライパン

7) もじり

ある語の一部を生かして別の語を造る方法。

(例) アララー (「アムラー」のもじり)・キムタコ (「キムタク」のもじり)・酢ムリエ (「ソムリエ」のもじり)・出たきり老人 (「寝たきり老人」のもじり)・ヨ

ルバイト（「アルバイト」のもじり）

　俗語にはもじりによってできた語が少なくない。長嶋茂雄が巨人の監督時代に「カンピューター」ということがしばしば使われた。「コンピューター」のもじりで、物事を勘で決定し進めることである。この種のものに以下のような語がある。

　　オールドオス（前出）
　　可山優三（前出）
　　コイン（「ボイン」のもじりで、女性の胸が小さいこと）
　　こがね持ち（前出）
　　借金コンクリート（「鉄筋コンクリート」のもじりで、借金で造った建物）
　　ゼニトルマン（「ジェントルマン」のもじりで、金儲け主義の人）
　　テクシー（「タクシー」のもじりで、徒歩）
　　天然危険物（「天然記念物」のもじりで、何をしでかすかわからない危ない人）
　　ナイフ（「ワイフ」のもじりで、妻がいない男性）
　　ナイン（「ボイン」のもじりで、女性の胸がないこと）
　　成貧（なりひん）（「成金」のもじりで、成金の反対）
　　蛮カラ（「ハイカラ」のもじりで、汚い身なりをして粗野な言動をすること）
　　万鳥足（「千鳥足」のもじりで、さらにひどい足取り）
　　メスタルジア（「ノスタルジア」のもじりで、女性を恋い慕うこと）
　　もっきんコンクリート（「鉄筋コンクリート」のもじりで、木造）
　　ヤブレター（「ラブレター」のもじりで、恋に破れた）

以上のことばの多くは国語辞典には掲載されていないが、拙著『日本俗語大辞典』にはある。近年ほとんど使われなくなってきており、また、この種のもじりも減っており、ウイットに富む造語が少ないのが現状である。これについても拙著『俗語発掘記　消えたことば辞典』（講談社、2016年）を参照されたい。

8) かけことば

　1962年、テレビ番組『てなもんや三度笠』で藤田まことがいったCMのことば「あたり前田のクラッカー」が流行語になった。これは「あたりまえ」と「前田」をかけ、前田製菓の「ランチクラッカー」をつないだもの。半世紀にわたって使われているかけことばが入った俗語のいい回しである。原田宗典『十七歳だった！』初サボりの顛末（初出1993年、引用は集英社文庫、1996年）に、「朝

頭字化

になったら学校へ行くのはあたり前田のクラッカー」と使われている。このようなかけことばを使った例に「勝手にしろくろテレビ」「こっぱみじんこ」「ざまあみそらひばり」「そんなバナナ」「そんなことアルマジロ」「ならぬカンニングするがカンニング」「わけわかめ」などがある。

9）頭字化

日本語をローマ字表記したときの頭文字や外国語の単語の頭文字を使った方法。

（例）MMK（「もててもててこまる」）・PPK（「ピンピンコロリ」）・KY（空気が読めない）・S（smoking, sister, spy, speed）・H（hentai 変態）・M（money, mara, menses）・L（loveletter, lover）

アルファベットの頭文字を使った頭字語で遊びのことばがある。最近では2007年にはやった「KY」（空気が読めない）がある。こういうアルファベットの頭文字を使った遊びのことばは今に始まったことではなく、戦前からある。しかもそれが「KY」のように10代の若い女の子が使っていたのではなく、エリートの海軍士官が使っていた。その代表的な語が「MMK」である。「もててもててこまる」の意。海軍士官はこの種の遊びの隠語を好んで使った。詳しくは拙著『集団語の研究　上巻』を参照されたい。

10）混淆

似た意味の語が混じり合って一つの語を造る方法。古くは「とらまえる」（「と

らえる」と「つかまえる」の混淆)、「やぶく」(「やぶる」と「さく」の混淆)の例がある。

(例) パーペキ (「パーフェクト」＋「完璧」)・もちコース (「もちろん」＋「オフコース」)

11) 擬似外国語

さらに、ことば遊びの俗語に擬似外国語、外国語もどきがある。江戸時代、平賀源内はオランダ語もどきの語をひねり出し、押し出し式ノリを「オストデール」、蚊取り器を「マーストカートル」といった。明治以降、オランダ語もどき、英語もどきのふざけた新語がいろいろ造られた。多くは昭和初期のものである。用例は拙著『日本俗語大辞典』を参照されたい。

意味分野別に挙げると次のような語がある。

①食べ物…アリヨール (砂糖)・アンクルム (大福餅)・オストアンデル (饅頭)・カムコリン (煎餅)・カムパリン (煎餅)・グルリアン (おはぎ)・クートプーデル (サツマイモ)・サイテヤーク (鰻)

「グルリアン」などは今でも使えそうな傑作と思うが、どうであろうか。

②人…アクセンタム (高利貸し)・コオンブス (子守)・シリニシーク (かかあ天下)・ゾクシバール (警官)・ゾクトール (警官)・ダイテノーマス (乳母)・デルトマーケル (弱い力士)・ヒビブラリー(怠け者)・フボクロース (不良少年少女)・フミクバール (郵便配達)・ベンピーズ (便秘の人)・モンデクラース (按摩)・ヨクナーク (赤ちゃん)・リデクーテル (金貸し)

人に関する語はそれほどぱっとしたものはない。

③乗り物・器械・道具…アルトクラシイー(金銭)・ケムノコール (汽車)・ゴハンターク (釜)・スマシテトール (写真)・スルトヒーデル (マッチ)・スワルトバートル (袴)・テントーブ (飛行機・飛行船)・ノムトヘル (巻きたタバコ)・ノルスベリー(スキー・そり)・ハシルブー(自動車)・ヒネルシャー(水道)・ヒネルトジャー(水道)・マーストハイトル (蝿取り器)・ヤニターマル (キセル)・ヨクミエール (望遠鏡)・リンナール (電話)

乗り物・器械・道具はその物がなくなったり様変わりしたりしているため、使えそうにない。「ヒネルトジャー」は父から聞いた覚えがある。

④身体・生理…イキムトヘーデル (屁)・プートデール (屁)・ハイスベリー(禿

頭)・ハイツルリー(禿頭)・タンデクロース（喘息)・マクルシャー(小便)・ノータラン（馬鹿)・ノールス（馬鹿)

「ノータラン」はよく父にいわれたものである。

⑤動物…クレルトオーフル（犬)・シリヒカール（蛍)・チュートル（猫)・ハイタカール（生魚)・ホエルカム（狂犬)

⑥場所…キャクトメール（旅館)・シゼンワーク（温泉)・スリモオール（混雑)・モトクラシー(灯台)

⑦行為…セイトオソール（試験)・ビクモーツ（釣り)・フクレッツラー（立腹)・ブランシス（縊死)・ミナオヨーグ（海水浴)・メカラヒーデル（鉢合わせ)・モーノマン（禁酒禁煙)・ワンクラワン（夫婦げんか)

身体・生理・動物・場所・行為は時代に変わりはないので使える。

私が小学生の頃（昭和30年代)、父がよくいっていたのが「オストアンデル」「スワルトバートル」「ヒネルトジャー」で、ばかばかしさがたまらなく楽しかった。「イキムトヘーデル」「オストアンデル」「スワルトバートル」などは明治時代に造られた語で、昭和30年代までは確実に使われていたが、最近まったく聞かなくなった死語である。

また、日本語に英語の接尾語 -ism、-ist、-logy、-ing などを付けて英語もどきにした語もある。

アルキニスト（徒歩主義者)・ダベリスト（だべる人)・タンキスト（短歌を作る人)・ニヤリスト（ニヤニヤしている男)・ヨタリスト（無責任な行動をする人)・イキアタリバッタリズム・チラリズム・テクテクズム（徒歩主義)・サイノロジー(妻にべたぼれの夫)・テイノロジー(亭主にべたぼれの妻)・シカッティング（しかとすること。無視すること)

「チラリズム」は戦後の女剣劇のスターであった浅香光代が立ち回りで着物の裾からちらりと太ももを見せるエロチシズムからいわれたことばである。「サイノロジー」は「サイコロジー」のもじりであり、「妻」とをかけたもので、アイヌ語研究で有名な言語学者の金田一京助が学生の頃（1904年）に他の学生らと造語したものである。

12）派 生

単独で使えない接辞（接頭語・接尾語）と単独で使える語とを組み合わせた方

法である。中でも活用語尾の「る」をつけた「る」ことばは多い。

①若者ことば

「マクる」「ハゲる」「タクる」「飯る」「カフェる」「やにる」「コピる」「告る」など他の動詞を一音で代行する（「行く」「食べる」「乗る」「座る」「なる」「する」など）便利な「る」ことばは会話の「ノリ」に欠かせない。

業界用語にも「る」ことばがあるが、若者ことばほど多くはない。業務の効率化のために使う業界があるが、全く使用しないところもある。以下に業界・集団ごとに例を挙げておこう。

②病院業界

（例）アボる（流産する）・アポる（脳卒中で死ぬ）・エデマる（浮腫がある）・コアグる（血液が凝固する）・シュルンペる（収縮する）・シュワンゲる（妊娠する）・ステる（死ぬ）・ゼクる（死体解剖する）・タキる（頻脈になる）・デコンペる（臓器が正常に機能しなくなる）・ナルコる（炭酸ガスが血液に蓄積し意識がなくなる）・ネクる（壊死する）・ノイる（ノイローゼになる）・パフる（発作性心房細動になる）・ヒスる（ヒステリーになる）・ベニる（良くなる）・ヘモる（痔になる）

③航空業界

（例）シャワる（シャワーする）・スタンバる・ディレる（遅れる）

④テレビ業界

（例）スタンバる・ディゾる（フェードインとフェードアウトとが重なる映像が現れる）・ハウる（ハウリングする）

⑤寄席楽屋

（例）じばる（地囃子を楽屋でつなぎに演奏する）・すける（助演する）

⑥不良少年・暴走族

（例）エミる（見栄を張る）・オカマる（追突する）・サドる（相手を傷つけて喜ぶ）・スケる（女子をバイクの後ろに乗せて走る）・トロる（酩酊する）・ホモる（男性同士の性行為）・ラリる（シンナー遊びでふらふらになる）・レズる（女性同士の性行為）

⑦旧海軍

（例）エヌる（のろける）・コリる（一人の芸者を複数の男が好きになる）・ナンバる（セックスの回数をかせぐ）・ベキる（オカマを掘る）・ベビる（出産す

る）・ポスる（セックスする）・マリる（結婚する）

13）転義

　新たな語を造るのではなく、すでにある語句の意味を変えて使う方法で、一般語にはよくあることである。俗語の例としては、ここでは数学記号$\sqrt{\ }$を使った遊びを取り上げる。

　「ルート3」は意味が三つある。一つは「〆」を意味する戦前の女学生ことば。『訂正増補　新らしい言葉の字引』（1919年）に出ている。

　　ルート三　封・〆と同じ。女学生間などで盛んに用ひられるサインで、数学上の開平法で、$\sqrt{3}$は開き切れぬといふ処から封・〆の意味に用ひられてゐる。

　二つ目は人並みの意。ルート3の平方根1.7320508をヒトナミニオゴレヤと覚えるところからきた。これは戦後の女学生ことばで、『小説公園』（1955年1月号）に出ている。

　三つ目はけちな男の意。1990年代後半の若者ことばで、けちな男に向かってヒトナミニオゴレヤという意味である。

　「ルート2」は親展の意。幾何でないと解けない→貴下でないと解けない→親展。戦後の女学生ことばで、先の『小説公園』に出ている。

　「ルート8」はにやにやしている男の意。この平方根2.828はニヤニヤと読めるから。『週刊朝日』（1952年4月13日号）に

　　最近、女学生間を風靡する$\sqrt{8}$とは、いささかキザなニヤリストのこと。$\sqrt{8}$すなわち二・八二八…（ニヤニヤ）となるからである。「今度、着任した先生、$\sqrt{8}$ね」といった調子だ。

とある。頓知の効いたユーモアのある俗語であるが、現代ではこの種のものがなく、ストレートで幼稚である。

　以上のように、遊びの心を表した俗語は造る娯楽と使用する娯楽があって、親しい者の会話に欠かせない。

3.2　集団別に見た造語法と特徴

　集団語はほとんど俗語であることは初めに述べた。ここでは反社会的集団と職業集団の二つを取り上げる。中でも反社会的集団は独特の造語法で集団語を造り

出している。

1) 反社会的集団

　反社会的集団はスリ・窃盗・暴力団・暴走族などで、集団を作り、集団語を持っている。また、刑務所に服役している囚人たちが使う語も独特の集団語である。ここでは囚人の集団語を分析することにする。その理由は囚人は刑務所というきわめて拘束された空間に拘束された時間を共にする監視される犯罪者集団で、他の社会的集団と異質な環境にあるからである。こういう集団の特徴が以下の集団語の特徴に現れる。

　拙著『集団語辞典』（東京堂出版、2000 年）には囚人の用語が 175 語収録されている。語形から見た造語法と意味から見た造語法に分けて考察する。

　語形から見た造語法では既存語を利用する方法が多く、それをもとに合成語を造ったり、転義したりして使っている。外国語からの借用は「エースコック」（太った看守）、「カステラ」（焼き豆腐）、「コロッケ」（女の殺人犯）、「スピッツ」（口うるさい看守）、「ハーモニカ」（トウモロコシ）、「ラビット」（おから）の 6 語である。囚人の語には外来語が非常に少ないのが特徴といえる（語種不明や句 15 を除くと、借用語の占める割合は 3.8％）。しかも食べ物や動物などに限られている。古くからの集団語を受け継いでいるため、借用語がきわめて少ないといえよう。

　省略は 7 語（4.4％）で、「総検」（「総点検」の略）、「玉検」（「玉の検査」の略）、「テレ鑑」（「テレビ鑑賞」の略）、「電ぱち」（「電気でぱちっとする」の略）、「ひら担」（「ひらの担当」の略）、「東拘」（「東京拘置所」の略）、「もた工」（「もたもたしているやつらの工場」の略）があり、借用と同様に少ない。

　その他、語形から見た造語法には倒置の「しょば取り」（「場所取り」）、ことば遊び的な同音の連想にもとづく「四六九（しろく）」（4 と 6 と 9 を足すと 19 になり、「重苦」に通じるところから刑務所のこと）がある程度である。合成語は多いが、とりたてて例を挙げるまでもない。全体的に語形から見た造語法にそれほど特徴を見出せない。

　しかし、意味から見た造語法には特徴があり、数多く、おもしろい。それは既存語の意味を変え、隠語化したもので言い換えている。それには直喩のような形容にもとづく転義（類似を見いだす方法）と連想による転義（類似の連想によら

ない）とがある。形容にはさらに形・状態・色の類似にもとづく転義、行為・動作の類似にもとづく転義、音の類似にもとづく転義に分類される。

①形・状態・色の類似にもとづく転義

「赤煉瓦」（シャケ）、「一輪挿し」（肛門に箸をつっこみ、その箸で食事させること）、「外套の破れ」（昆布の煮付け）、「カステラ」（焼き豆腐）、「熊の胆」（ナスの塩漬け）、「黒まんす」（ゴボウ）、「座布団」（油揚げ・はんぺん）、「白煉瓦」（豆腐）、「雪駄の皮」（牛肉）、「鉄火箸」（ゴボウ）、「焼き火箸」（ニンジン）、「焼け火箸」（ニンジン）、「闇」（ひじき）など27語（16.9％）ある。

②行為・動作の類似にもとづく転義

「ガチョウ」（口やかましい看守）、「かんかん踊り」（検身場における身体検査）、「サムライ」（服役している工場で以前からいる者）、「猿回し」（看守または被疑者が手錠をかけられ現場検証に立ち会うこと）、「スピッツ」（前掲）、「鳩」（伝言役）、「輸送機」（服役者が工場から監房に密かに物品を持ち込むこと）の7語（4.4％）である。

なお、音の類似にもとづく転義の例はなかった。

③連想による転義

連想による転義は簡単なものから手の込んだものまである。「赤鳩」（うずら豆）、「白鳩」（インゲン豆）は豆→鳩という連想である。「天竺の花魁」(おいらん)（そら豆）は空→天竺、豆→クリトリス→花魁という連想である。「牛肉」（刑務所長）は刑務所のおかずで最高は牛肉だからである。「ウグイス」（大根・蕪類）はウグイスがそれらのすり餌を食べるからである。「子どものおもちゃ」（大根と豆の煮付け）は豆鉄砲から。「旅役者」（大根）は旅役者に大根役者が多いから。「俊寛」（無期懲役）は俊寛が島流しにされたことから。これらは比較的簡単にわかるが、「壺」(きょうかいし)（教誨師）はそうではない。僧の教誨師は坊主→タコ→タコ壺→壺という連想から。「柱」（牧師）は牧師の教誨師→キリスト教→十字架→柱という連想から。「教誨師」（てんぷら）は教誨師は僧が多い→精進揚げ→てんぷらという連想から。以上の語以外のものと合わせて連想による転義は15語（9.4％）ある。

このように囚人の集団語は形容による転義と連想による転義が49語（30.6％）と多いのが特徴である。ほとんど自由がなく囚われの身ゆえ、楽しみは食事である。そこで上記のような転義をしてからかったり自嘲したりしているのである。また看守を馬鹿にし、隠語として使っている。ここにはことばを遊びの道具にし

2) 職業的集団

職業的集団は機能的集団ともいう。この中には製造業・小売業・サービス業・接客業・運輸業・通信業・マスコミ・芸能・スポーツ・官庁などさまざまな業種が存在している。先にも述べたように、集団の性質・目的・機能により語の志向が異なっているため、造語法にもそれが反映することは容易に察しがつく。ここでは数の多い警察とテレビ業界（制作集団）を取り上げる。前者は古い集団であり、後者は新しい集団であるという違いがある。また前者は社会秩序の維持と国民生活の安全を確保する目的のもと、強い集団意識と連帯感があり、かつ業務上、隠語が多い。後者は個々のメンバーがそれぞれの専門の職業をもった制作集団である。個々のつながりは前者に比べかなり希薄である。このような違いが集団語の造語法にも現れると考えた。

『集団語辞典』にはテレビ業界の語が235語掲載されている。語形から見ると、外国語からの借用（を含んだ語）は83語（35.3％）もある。アメリカから入った放送用語が多いためである。しかも省略が多い。外来語は語形が長く、効率が悪いため、略されて使われている。「カメリハ」（カメラ・リハーサル）、「ギャラ」（ギャランティー）、「カンペ」（カンニング・ペーパー）、「コマ」（コマーシャル）、「サスプロ」（サステイニング・プログラム）などの例がある。省略（を含んだ語）は全体では67語（28.5％）ある。「外タレ」（外人タレント）、「局制」（局制作）、「スタ伝」（スタジオ伝票）、「特番」（特別番組）、「番宣」（番組宣伝）などの例がある。限られた時間内に効率よく仕事をしなければならないため、自然、略語が多くなる。

頭字化は13語（5.5％）で、外国語のアルファベットの頭字語である。これは先の英語の借用と関係している。「AD」（アシスタント・ディレクター）、「SE」（サウンド・エフェクト。効果音）、「FI」（フェード・イン）、「FD」（フロア・ディレクター）、「TK」（タイム・キーパー）、「P」（プロデューサー）などの例がある。

倒置は4語（1.7％）と少ない。「かいた」（たかい）、「かたい」（たかい）、「たーう」（うた）、「プテキャン」（キャプテンの倒置で、焼き肉）。よくテレビ業界には倒置が多いというが、それはタレントやバンドマンがよく使っているのであって、制作者たちが使っているわけではない。

意味から見ると、転義の例は次の通りである。
①形・状態・色の類似にもとづく転義
「油揚げ」(大道具が倒れないようにした三角形の支え)、「おそばを作る」(録音テープがからまる)、「帯」(毎日同じ時間帯に放送する番組・広告)、「砂の嵐」(その日の全番組終了後に流れる画面)など17語(7.2%)ある。
②行為・動作の類似にもとづく転義
「踊る」(監督が自ら演じて見せる)、「殺す」(マイクのスイッチを切って使えない状態にする)、「鳥が飛ぶ」(撮影時にマイクなどの影が画面に映ること)、「殴り」(金槌)、「なめる」(アップで全体をまんべんなく撮影する)など12語(5.1%)ある。
③連想による転義
「エビ」は時価で決められる大物スターの出演料のことで、時価→エビという連想による。「シャモ番組」は二つに別れて討論する番組のことで、シャモの闘いの連想による。「電気椅子」はディレクターがすわる椅子のことで、視聴率におびえる→電気椅子という連想による。他と合わせて24語(10.2%)ある。

①〜③の転義を合わせると53語(22.6%)ある。囚人や警察に比べ、転義が少ない。全体的に外国語から借用と省略が目立つ。これは先述したように、アメリカからの借用と業務の効率のためである。

4

俗語はいつ、どこで生まれたのか

　俗語は現代に始まったことではない。そこで、俗語の意識の系譜や時代、土地柄、また国柄を視点に俗語を見ながら日本人の心も探ってみよう。

4.1　雅語に対する俗語

●文学の世界の言語意識

　俗語は古典文学と切っても切れない関係があるといったら驚くかもしれない。学校で習う古典文学は『源氏物語』や『枕草子』『徒然草』『土佐日記』『古今和歌集』などで、名文、名作などが選ばれており、俗語が使われていないものばかりであるから、そう思うのも当然かもしれない。そして古語といえば「あはれ」「をかし」「いとほし」「かたはらいたし」「はづかし」など、いかにも「雅なことば」を思い浮かべる人も多いだろう。

　古典において「俗語」ということばは和歌や和文（漢文に対していう）などで使用する「雅語」に対する日常の話しことば、鄙俗な日常語を指し、「俗言（ぞくげん）」ともいう。「卑俗」ではなく「鄙俗」というのは世俗一般が使うということである。一方、「雅語」とは「雅言（がげん）」ともいい、「正しくよいことば。優美なことば。洗練されたことば。特に中古の和歌や仮名文などに用いられることば」（『日本国語大辞典　第二版』）である。中古とは平安時代を指す。しかし、この「俗語」の性格や内容は明確ではなく、時代により、著作により指すところはまちまちで、地域のことばであったり訛りであったりはやりことばであったり隠語であったりという具合である。江戸時代、古代日本の文化を研究する国学者は「雅言」「平言」「俗言」と３分類し、「俗言」をもっとも低く見た。

●芭蕉の言語意識

　先に俗語は古典文学と切っても切れない関係があると書いたように、俗言は文学の世界の言語意識であった。文学の中で俳諧といえば、松尾芭蕉の『奥の細道』に出てくる句「夏草やつわものどもが夢の跡」「閑かさや岩にしみいる蝉の声」「五月雨を集めて早し最上川」などを思い浮かべる人も多いだろう。『奥の細道』は芭蕉の没後8年経過した1702年（元禄15）に刊行されたわが国紀行文学の代表的な作品である。芭蕉のような俳風は俳諧が生まれた当初からあるのではない。もともと「俳諧」は滑稽、戯れの意味で、中世には「俳諧の連歌」と呼ばれ、連歌（複数の人が、和歌の上の句五・七・五と下の句七・七を互いに詠み続けていく詩歌）の一種であった。連歌が和歌同様、雅言を用いたのに対し、近世初期、俳諧は連歌から独立する過程に俗言を積極的に用いた。たとえば「節会」が連歌に使われた雅言に対し、「おせち」は俳諧に使われた俗言であった。

　芭蕉の晩年の考えを伝えた服部土芳の『三冊子』の「忘れ水（黒冊子）」に

　　師のいはく、「俳諧の益は俗語を正す也。つねにものをおろそかにすべからず。此事は人のしらぬ所也。大せつの所也」と伝へられ侍る也。

とある。「俗語を正す」とは、俗言を詩語として正しい使い方をすることである。いったん俗の世界に落ちた上で、そこから俗言を詩語として再生すること、俗言を風流に扱うことである。芭蕉は一段高い所から俗言を見下ろして俗言を選ぶというのではなく、俗と一体となって選ぶ。その結果、方言でもオノマトペ（擬音語や擬態語のこと）でも用いることになる（赤羽学「俳諧・俳文の語彙」『講座日本語の語彙5　近世の語彙』明治書院、1982年参照）。たとえば、「涼しさを我宿にしてねまる也」（『奥の細道』尾花沢）は「ねまる」という方言を使用。「ねまる」はくつろぎ休む、寝るなどの意で、尾花沢がある山形など東北の方言である。また「むめがにのっと日の出る山路かな」（『炭俵』）の「のっと」というオノマトペは「ぬっと」と同じ意であるが、俗言の「のっと」の「の」は母音oを使って、「ぬ」の母音uより強く、印象に残るため非常に効果的なことばの使用といえる。その他、「年頭にちいさきやつら供させて」（『鳥の道』）の「ちいさきやつら」とは小僧のことで、主人のお伴について行った。「やつら」は俗語であるが、「ちいさきやつら」には親しみがこもっている。

4.1 雅語に対する俗語

●歌 語

　雅語の中で和歌特有の語を「歌語」という。古くから和歌のことばと文章のことばを区別する歌語意識がある。有名な例として『万葉集』の「鶴」は和歌では「たず」(旧仮名遣いは「たづ」)と読んでツルという鳥を表すが、それ以外は「つる」と読んで完了の助動詞「つ」の連体形「つる」を表す。「たづ」は歌語であるが、「つる」はそうではないということである。この意識は、わが国最古の歌学書『歌経標式』(8世紀末)に「ただごと」といって、歌語でない日常語、俗言の使用が批判されていることからもわかる。一般に和歌ではこの俗言が嫌われるほかに、イ音便(解きて→解いて)・ウ音便(問いて→問うて)・撥音便(詠みて→詠んで)・促音便(行きて→行って)の音便形や漢語も嫌われ、避けられた。

●百人一首のパロディー

　昔は正月にカルタをよくやった。そのカルタには百人一首の歌が書かれていたものがあった。百人一首は江戸時代にカルタとともに普及した歴史がある。当時、庶民は百人一首のパロディーも好んだらしい。松江重頼『懐子』(1660年)、油煙斎貞柳『犬百人一首』(1740年)や大田南畝『狂歌百人一首』(1843年)などのパロディーがある。そこには本歌の雅語や歌語だけでなく、俗言も使われている。狂歌(通俗的な表現を用いて滑稽を盛り込んだ和歌のこと)には俗言が多く使用されている。それによって洗練された雅の世界が一気に下品な、あるいは馬鹿げた世界に変わる。そこで『狂歌百人一首』からパロディー5例を挙げて少し解説しておこう(本歌→パロディー)。

　　春過ぎて夏来にけらし白妙の衣ほすてふあまの香具山　(持統天皇)
　　→いかほどの洗濯なればかぐ山でほすてふ持統天皇

「いかほど」は俗言でどれほどの意。「洗濯」は漢語で元来の和歌では使用しない。本歌は卯の花がまっさかりで、いかにも白妙の衣を干しているともいうべき美しい風流なたとえであるが、それをそんなものが一切ない洗濯物をどれほど多く干す持統天皇かというからかいである。

　　奥山に紅葉ふみわけ鳴く鹿の声きくときぞ秋はかなしき　(猿丸太夫)
　　→なく鹿の声聞くたびに涙ぐみさる丸太夫いかい愁たん

「いかい」は「いかし」の口語形で、はなはだしい、大きいの意。「愁たん」は漢語「愁嘆」で、つらく思って嘆くこと。鹿が鳴くたびに涙ぐむ猿丸太夫の愁嘆

はどんなに大きいのかと皮肉っている。

　　朝ぼらけ有明の月と見るまでに吉野の里にふれる白雪　（坂上是則）
　　→是則がまだめのさめぬ朝ぼけに在明の月とみたるしら雪

歌語「朝ぼらけ」（夜明け方の意）を俗言「朝ぼけ」にしてしまった。たった一音「ら」を抜くだけで寝ぼけ眼で見る月となり、風流やきよらかさは消え失せる。なお、「有明の月」は夜が明けても天に残っている月のこと。

　　あひみての後の心にくらぶれば昔は物を思はざりけり　（中納言敦忠）
　　→又してもじじとばばとのくりことにむかしは物をおもはざりけり

本歌は若い貴公子の切なる恋の思いを詠んだもので、いかにもさわやかである。それに対してパロディーは「じじ（爺）」「ばば（婆）」という俗言を使い、恋ではなく「くりこと」にしてうんざりという感じにしてしまった。

　　花さそふ嵐の庭の雪ならでふりゆくものは我が身なりけり　（入道前太政大臣）　→花さそふあらしの庭の雪ならで降行ものはうしの金玉

本歌は桜の花が散るさまから老いを嘆く歌に詠んだもの。パロディーは「我が身なりけり」を「金玉」という俗言にして笑いにしてしまった。

このように文学の伝統がことばの美意識、規範意識を育て、雅語と俗語を使い分けたといっていいであろう。そしていずれも人々に愛されてきたのであった。

4.2　江戸時代の俗語

「俗語」という名称にとらわれず、筆者の定義した俗語に含まれることばを、前節でもわかるように、ことば遊びがさかんな江戸時代にさかのぼって見ることにしよう。

●センボウ

江戸時代は出版文化が盛んになり、文学作品をはじめ、随筆や雑書が数多く出版され、また、「近世は各社会層の差異がいちじるしく、また職業も分化し、それぞれの集団社会での特有の言い方がおこなわれるようになる。いわゆる位相語の発達がみられる。遊里語・通語、また芝居関係者の用語があり、商家・職人なども仲間うちの言葉として隠語を用い、符牒のように使ったものも多い。言語遊戯としての地口も流行し、いろいろと言語の面における工夫の可能性が最大限に試みられ展開された時代といってよい。」（鈴木丹士郎「近世語彙の概説」『講座日

4.2 江戸時代の俗語

本語の語彙 5　近世の語彙』明治書院、1982 年）という。そういうわけで江戸時代は明治以前では一番多く俗語がいろいろ生まれた時代であったといえ、その精神や造語法などが現代に受け継がれている。

　中でも洒落本(しゃれぼん)や滑稽本(こっけいぼん)に俗語がよく使われている。洒落本というのは 18 世紀中頃から 19 世紀前半にかけて、初めは上方、後には江戸を中心に出版された遊里小説（遊廓を舞台にした小説）で、会話を主とし、できるだけ写実的に描こうとした遊戯的な文学である。その代表的作家が山東 京 伝(さんとうきょうでん)である。滑稽本というのは前期と後期に分けられ、前期は 18 世紀後半（1770 年代〜1780 年代）に滑稽に教訓や諷刺を織り交ぜた小説で、風来山人（平賀源内）が有名である。後期は 19 世紀初めから明治初期にかけて教訓や諷刺よりもしゃれや地口（成句の全要素を似た発音のことばに置き換えたことば遊び。だじゃれ）を盛り込んだ滑稽を描いた小説で、十返舎一九(じっぺんしゃいっく)『東海道中膝栗毛』、式亭三馬『浮世風呂(しきていさんば)』『浮世床』が有名である。

　そこで、どんなことばが使われていたか実例から見てみよう。今から 200 年前の『浮世床』二編巻之上（1813 年）に操り人形師の隠語「センボウ」（「センボ」とも）が記されている。センボウは今でも大阪の文楽や阿波の人形浄瑠璃の人々に使われているという。上方から江戸に伝わって、三馬が使用して知られるようになった。そのため、一般の隠語を「センボウ」というまでになった。三馬は『浮世床』以外にもセンボウを使っている。比較的知られた語に次のものがある。

　　あがく（ものを言う）・おやまこ（三）・かまる（行く・来る）・がり（娘）・がんどうまえびき（侍）・こっぱり（目）・さいこぼう（飯）・しこらえる（こしらえる）・しんた又はしんだ（金銭）・しんでん又はじんでん（男・夫）・じんば（老婆）・ぜかす（やめる）・ぜめ（俺）・たっぽ（魚・酒の肴）・つなぐ（聞く・見る・認める）・どうじゅく（友だち）・のせる（飲む・食う）・はんべえ（悪いこと）・ひんこ又はびんこう（男・じじい）・むき（着物）・やっかい（たくさん・大きい）・よりと（年寄り・親父）・わこ（妻）

　「かまる」は「まかる」（「行く」の敬語）の倒置、「がり」は「しんがり」（子どもの意）の略か、「しこらえる」は「こしらえる」の倒置、「よりと」は「としより」の倒置の略である。「はんべえ」は「知らぬ顔の半兵衛」から。

　センボウは操り人形師だけの隠語ではなかった。香具師(やし)の隠語や寄席楽屋用語にもセンボウから借用したものがある。その理由は前田勇『近世上方語考』（杉

本書店、1957年）によれば「近世において遊里に出入し、センボウを口にした粋が身を食う粋の果てで、香具師（露天商人）仲間へ身を投じた人々が持込んだものではなかったかと思われる」「この社会に、元来、幇間を兼業する咄し家または咄し家を兼業する幇間が多かったからであり、咄し家を専業する者でも遊里の宴席へ呼ばれる事が多く、従ってセンボウに接する機会にめぐまれていたからである。そればかりでなく一体に落語家の符牒言葉は、はなはだ種差に富むのであるが、所詮は、その前身や履歴が種差に富むからに外ならない」と述べられている。それゆえセンボウは現代まで引き継がれている。同書からセンボウから寄席楽屋用語に入った例を一部挙げると、次の通りである。

　　へい＝1　　まえびき＝2　　ささき＝4　　かたこ＝5　　さなだ＝6
　　たぬま＝7
　　きんじゅう＝あほ、ばか　　きんちゃ＝客　　たれ＝女　　わこ＝妻
　　せい・せいざ＝酒　　さいこ＝飯　　のせもの＝食べ物　　のせる＝飲食する

　遊女や芸者や幇間（男芸者）など遊里で働く者たちだけが使っていたことばなら狭く、閉鎖的な集団では広く流行することはなかったであろう。しかし、実際は出入りする遊客はいわゆる女郎買いが一世一代の大事であったので、遊女に気に入られるためにいろいろの心得ておくべきことがあり、粋のためにセンボウを使ったので文学の題材にもなり、流行語にもなったのである。さらに遊里に出入りする商売人や芸人によっても広められた。

◉おもしろい造語法（その一）「る」ことば

　さて、次に江戸時代のおもしろい俗語を造語法から4種類取り上げてみよう。第3章の造語法で述べたようにさまざまな集団で造られている。

　まず、接尾語「る」を付けて動詞化した「る」ことばがこの時代にはいろいろ生まれている。「する」よりもさらに短い「る」一音を付けるだけで新たなことばができるとはなんと便利なことであろうか。しかも一気に俗語にしてしまう、その力のすごさは恐ろしい。「にやける」ということばがあるが、これは江戸時代にできた「る」ことばである。「若気（にやけ・にゃけ）」から男が色っぽい様子をする、なよなよする意である。近年、「にやにや」との類推からにやにやする意と誤解する人がいる。

4.2 江戸時代の俗語

次の語例はすべて江戸時代に使われた語である。

いたこる（潮来節を唄う）・薄化る（薄化粧する）・くぜる（「口舌」から言い争いをする）・けんびる（剣菱という酒を飲む）・所作る（所作事をする、踊る）・底る（干潟になる）・地ぐる（地口を言う）・段取る・茶づる（茶漬けを食べる）・ちょきる（ちょき船に乗る）・痴話る・道化る・ばかげる・変化る

「茶づる」のような語は明治時代の旧制第一高等学校の学生語「ソバる」や現代の学生語「飯る」「ラーメる」「カフェる」にも受け継がれている。動詞化する「る」は造語力が強く、明治時代から現代に至るまでも少なく見積もっても数百語は生まれている。

外来語に「る」を付ける例に

アジる（「アジテーション」から）・サボる（「サボタージュ」から）・デコる（「デコレーション」から）・ハモる（「ハーモニー」から）

などがあり、漢語に「る」を付ける例に

牛耳る・事故る・退治る・だべる（「駄弁」から）・皮肉る

などがあり、人名に「る」を付ける例に

ジゴマる（怪盗ジゴマから悪ふざけをする）・シデハる（幣原外交から控えめにする）・タゴる（インドの瞑想詩人タゴールから居眠りする）・ノラる（イプセンの『人形の家』の主人公ノラから妻が家出をする）。

などがある。人名に「る」を付けたことばは現代もあった。1979年、法政大学出身の江川卓は「空白の一日」騒動の結果、いったん阪神に入団をして巨人にトレードで移籍した。ここから、だだをこねる、ごり押しをすることを「江川る」といって流行語にもなった。

上に挙げた語は明治の終わりから昭和初期に造られたことばである。その他、旧制高等学校の学生語や旧海軍士官の隠語には「る」ことばが多くあった。この造語法は最も簡単で、どんな語にも付く簡単で生産性が高いもので、これからも用いられることは間違いない。

●おもしろい造語法（その二） 倒置

二つ目は音節をひっくり返す倒置による俗語（倒語）で、江戸時代にいろいろあった。「酒」を「きす」といった例がこれである。酒→好きという連想で、「す

き」を倒置して「きす」になった。その他に次のような語があった。

うつ（通）・おか（顔）・ぎえん（縁起）・郷在（在郷）・くしや（酌）・くや（厄）・ぐりはま（はまぐり）・しこらえる（こしらえる）・せるき（キセル）・ちく（口）・どや（宿）・ドロビイ（ビイドロ）・ねた（種）・ばそ（蕎麦）・へんたい（大変）・めんく（工面）・もく（「雲」の倒語でタバコ）・れこ（これ）

このように遊里では通語として倒語が行われた。寄席楽屋用語に倒語の例があるのはセンボウや香具師の影響で、「しきざ」（座敷）・「ちゃくとう」（到着）・「とうしろう」（素人）・「どき」（木戸）・「ねた」（種）などの例がある。現代のテレビ業界用語に倒置法があるのは放送当初、落語家などの寄席芸人を呼んでいたためである。

倒置は語形から見ると元の語がわかりにくいために犯罪者の隠語にしばしば用いられた方法である。スリの隠語に「がいおく」（屋外）・「こは」（「箱」の倒語で汽車・電車）・「さつけい」（警察）・「なし」（品）・「ばかん」（かばん）などがあり、泥棒の隠語に「がさ」（さがす）・「れつ」（連れ）などがある。また香具師用語の最大の特徴は倒語で、全体の三分の一を占める。「あいつき」（つきあい）・「えんこう」（公園）・「さんたく」（たくさん）・「しょば」（場所）・「だいきょう」（兄弟）・「ちま」（町）・「どや」（宿）・「ねた」（種）・「びた」（旅）・「ぶしょう」（勝負）・「やこん」（今夜）・「わゆび」（指輪）などがある。また不良少年の用語は香具師から借用した歴史があり、共通の語が多く、倒置法が多い。反社会的集団は社会に背を向けるために社会への反抗の意志から倒置という方法で造語していると分析する社会病理学の学者がいる。

●おもしろい造語法（その三）　しゃれ

三つ目は意味を転じて使った転義のしゃれを含んだ語である。たとえば、「春日様」とは祝儀をはずみそうに見えてそうでない客のこと。春の日は暮れそうで暮れないから（祝儀をくれそうでくれない）。「春の日大尽」ともいう。このような例が鈴木棠三『日本語のしゃれ』（講談社学術文庫、1979年）の「隠語のシャレ」に出ている。次にクイズ形式で出題しよう。左のことばの意味を右のa〜eから選べ。

　　　乱れ髪　　　　　　a　人を見下すこと

欠け徳利　　　　　b　口が悪いこと
風見の烏　　　　　c　田楽
狸の念仏　　　　　d　自腹を切ること
桜丸　　　　　　　e　途中で立ち消えになること

「乱れ髪」は田楽のこと。もと、室町時代の女房詞(にょうぼうことば)。これは串（櫛）にかけるというしゃれである。これが江戸時代にも使われていた。

「欠け徳利」は口が悪いこと。口がかけているから。またよくしゃべること。口が欠けて出やすいから。

「風見の烏(かざみ)」は人を見下すこと。高いところから見下ろしているから。

「狸の念仏」は途中で立ち消えになること。狸は人を欺くから。

「桜丸」は自腹を切ること。桜丸は浄瑠璃『菅原伝授手習鑑』の登場人物で、斎世親王(ときよ)と恩人菅原道真の娘の恋を取り持ち、道真が配流されたことに責任を感じ切腹したことから。現代では気の利いたことば遊びや歴史的、文学的背景をもったことば遊びのしゃれは耳にしたことがない。

●おもしろい造語法（その四）　字謎・字センボウ

四つ目は字謎や字センボウ（「字センボ」とも）。字謎は漢字をいくつかの部分に分けていう分字のこと、字センボウはそれにしゃれを含んだもの。例に「くノ一」（女）・「ト一(いち)」（上）・「人の為」（偽）・「十のしま」（あほ）などがある。僧侶の隠語にも数字を字謎にしたものがある。これもクイズ形式で出題しよう。左のことばの意味を右のa〜jから選べ。

大無人　　　　　　a　一
天無人　　　　　　b　二
王無棒　　　　　　c　三
罪無非　　　　　　d　四
吾無口　　　　　　e　五
立無一　　　　　　f　六
切無刀　　　　　　g　七
木無十　　　　　　h　八
丸無点　　　　　　i　九
土無一　　　　　　j　十

「大無人
だいむにん
」は一。なぜなら「大」に「人」がなければ「一」になるから。この要領でいけば「天無人
てんむにん
」は二、「王無棒
おうむぼう
」は三、「罪無非
ざいむひ
」は四、「吾無口
われむこう
」は五、「立無一
りゅうむいち
」は六、「切無刀
せつむとう
」は七、「木無十
もくむじゅう
」は八、「丸無点
がんむてん
」は九、「土無一
つちむいち
」は十である。これらは『日本隠語集』(1892年) や『かくし言葉の字引』(1929年) に出ている。明治時代から使われている「ロハ」(只＝無料) は漢字を分解して読む類である。ちなみに「ロハ台」とは公園のベンチのこと。

同様の戦前の女学生のことばに「ヒコページ」「マメページ」があった。『モダン語漫画辞典』(1931年) に

　　ヒコペイジ　最近女学生間に盛んに用ひられる語で「顔」のこと。「あの方ヒコペイジにトテも自信を持つてるのよ」なぞと使はれる。

　　マメ・ペイジ　形は英語だが、実は最近生れた日本語である。マメ扁に頁、即ち、「頭」のことだ。(略)「あの方ヒコ・ペイジは八十点だけれど、マメ・ペイジは零よ」なんて、女学生の会話の中にも現はれる。

とある通り、「ヒコページ」は「彦頁」で「顔」、「マメページ」は「豆頁」で「頭」のこと。「おおちょぼ」は「犬」のこと。同じ頃、広く知られたものに「目カ一
め
チョンチョン十」があった。「助平」の二字を分解していったもの。略して「めかいち」「めか」ともいう。「ウマタケーキ」という語もあった。駄菓子のこと。「駄」は「ウマ」「タ」、「菓子」は「ケーキ」だからである。昭和初期に「吉原」を「トロゲン」といった。漢字を分解して「土」「口」「原」を読んだもの。こういう漢字をもとにした遊びは現代でもあるが、日常会話に使われることはない。

現代の俗語は江戸時代から連続しているものとそうでないものがあることがわかった。現代では気の利いたものよりも直接的、悪くいえば幼稚な造語法による俗語が盛んといえる。

4.3　地域と俗語

次に地域という観点から俗語を考えてみることにする。地域には風土というものがある。その風土から生まれた独特の文化があるとすれば、ことば、特に俗語はその文化の一つに数えられる。はたしてそのようなことがいえるだろうか。

●東西の罵りことば

まず日本の中で東京と大阪とを分けて見てみよう。前田勇は『悪いことば・下

4.3 地域と俗語

品なことば』(東京堂出版、1962 年) に

　その悪いことばが、全国方言を見渡したところ、関西ほど発達している地方もないというのは、いかにも人間的だとほめてよいことか、下品きわまりないとくさしてよいことか。(13 頁)

と書き、奥山益朗は『罵詈雑言辞典』(ばりぞうごん)(東京堂出版、1996 年) に

　罵語を調べているうちに、日本語は実に罵語の貧困な言葉だということに改めて気付きました。ことに東京を中心とした共通語には、ロクな罵語がないのです。その点は関西、特に大阪地方は罵語の先進国のようですが、東京者は喧嘩をしても「バカヤロウ」の一点張りで気勢が上がりません。(はじめに)

と書き、また、

　相手の母親を罵る言葉だが、いとも幼稚で可愛いと言うほかない。日本は名誉ある罵語後進国である。(「お前の母ちゃん出べソ」の項)

　どあほ・どたま (頭)・どしゃべり・ど甲斐性なし・ど畜生・どたのき (狸)・ど坊主・ど多福・どすべた・どみっちゃ・ど性骨・どてっぱら・どぎつい・どえらい・どびつこい……など、関東では聞かれない罵語も多く使われている。近世上方の俗語で、現在でも大阪方面で広く用いられている。関東弁にはこのように簡便な罵語用の接頭語はない。その点でも、上方は罵語の先進国と言えるだろう。(「ど」の項)

と書いている。罵詈雑言は東京に少なく、上方 (大阪) に多く、上方 (大阪) は「罵語の先進国」という。ありがたくもない「先進国」である。罵詈雑言は俗語なので俗語に地域差があるということになる。

　そこで同書から上方 (大阪) の例を抜き出してみる。

　あかんたれ・あざとい・あじゃらしい (近世)・あた (近世)・あほ・あんだら尽くす (近世)・いけ〜・いけしゃあしゃあ・いけ好かない・いてこます・えげつない・がしんたれ・関東べい・気色悪い・気ぶっせい・〜くさる・けたい・けたいくそが悪い・けつかる・極楽とんぼ・小せがれ・〜こます・ごりがん・左平次 (近世)・さらす・しょむない・辛気くさい・すこたん・ずぼら・総すかん・ちゃち・茶々を入れる・てんごう・ど〜・どあほ・どつく・ど滅相・とっぱ (近世)・とろくさい・とろっぺき (近世)・脳たりん・へげたれ (近世)・ぼろい・ぽんつく・れきま (近世)・わや

　江戸 (東京) の例は次の通りである。

あたじけない（近世）・あたりき・おきゃあがれ（近世）・おたんちん・覚えていろ・ごろつき・こん畜生・三太郎・贅六・だりむくれ（近世）・てんやわんや・馬鹿・やがる

確かに上方（大阪）は豊富である。この辞典は近世のことばも掲載しているので多いが、現代は共通語が浸透し、方言の罵詈雑言が受け継がれずにきているためそれほどではない。とはいうものの、大阪では罵詈雑言は豊富であることは間違いない。「ざま見され」「ざま見さらせ」「ざま見くされ」や「今に見て（い）され」「今に見て（い）さらせ」「今に見て（い）けつかれ」と、「ざま〜」「今に〜」それぞれあとの表現ほど強い罵詈雑言となる。南河内地方では「このアマ」「ざまあ見さらせ、ボケ」が日常的に使われているという。たとえば中場利一『岸和田少年愚連隊　血祭り純情篇』（初出は1995年、引用は講談社文庫、2005年）には次のようなことばが出ている。なんと迫力のあることばだろうか。

「ワレらかい！　ユウジいじめてんのは！　ドタマかち割ってこましたろかあ！」（15頁）
「おいこらワレ！　こんなとこで何してけつかんじゃい！」（60頁）
「こら！　何さらしてんじゃいオドリャ！」（97頁）
「なにさらしてんじゃい、このドスベタァ」（168頁）
「おいコラ、いつまでもおまえの時代やと思うなよ。いちびってたらいてまうぞ」（178頁）

しかし、これらは大阪といっても南部の方言である。大阪人がみな使うと思ったら大間違いである。大阪が「罵語の先進国」といっても当たっているようで当たっていない。

また芝居などで聞く「ドタマかち割って脳みそかき回したろか」とか「ケツの穴から手え突っ込んで奥歯ガタガタいわしたろか」とかの表現は実際の喧嘩などでは使わないが、いかにもありそうでおもしろい表現である。

ところで、この種の俗語はことばの品位を落とすことがある。「何を抜かしやがる、このくそったれ野郎」の「抜かす」や「ほざく」は一般語「言う」に比べ、ことばの品位を下げている。大阪の「こらガキ！　何さらしてんじゃい！」の「さらす」は一般語「する」に比べ、ことばの品位を下げている。

そのだちえ『なにわOL処世道』各論5（講談社文庫、2002年）に
　関西でありがちな、「尻」に関する発言「ねーちゃん、ええケツしてんなぁ（お

嬢さん、良い尻をしてますね）」。ひっ、「ケツ」ですってぇ。
とある「けつ」という俗語は「しり」に比べ、関西であろうとなかろうと下品な語感であり、この語を使うことによって、その人の品性や人格を疑わせるような結果をもたらす。「けつの穴」「めんたま」「いい年こいて」「おっぴろげる」も同様である。

この世の中、開いた口がふさがらないようなことばかり起きている。これを解消するために、いろいろな方法があるが、その一つにことばによるものがある。言語学では浄化（カタルシス）と呼ぶもので、「くそっ！」と叫んだり、「暑い暑い！」といったりすることによって、そのいやなことをなくそうとする。その代表が「ど〜」。「ど」は自分の気に食わないことなら何でも、その上に冠して罵倒する強烈なことばで、江戸時代からある上方語で、現在も大阪では使われている。たとえば、

　　人に付けた例…どあほ・ど素人・ど盗人・ど坊主
　　動物に付けた例…ど狐・ど狸・ど畜生
　　物に付けた例…どたま・ど根性
　　様子に付けた例…ど厚かましい・どけち・ど真剣・どちび・ど憎たらしい・ど下手・どびつこい

などがある。

この「ど」は腹立たしさや憎しみを込めていい放つ、鬱憤晴らしには最適のことばといえる。先日も歩道に置いてあった自転車につまずいた中年の男が自転車に向かって「このどチャリめが」と毒づいていた。阪神巨人戦で阪神がいいとこまでいってどっと崩れていくのを見ていたある教授が「ど阪神め」と口走った話を聞いたことがある。

ちなみに「ど根性」は本来、「腐った根性、悪い根性、曲がった根性」を罵ったことばで、「ど根性」は「たたき直す」対象であったが、今では「不屈の根性」（『新明解国語辞典　第七版』）のように良い意味に使われるようになった。また、近年「どきれい」というおかしないい方が出てきたが、「ど」は罵りのことばなので「きれい」とは結びつかない。

「ど」について、大阪弁の研究で有名だった前田勇は『悪いことば・下品なことば』に

　　これほど応用自在な接頭語は、史上にもどの方言にも、ちょっと肩を並べる

ものがない。東京弁に「クソおもしろくもない」のクソ、九州弁に「どうなと、キャーなろたい」(熊本)「ケー死んでしまえ」(豊前。鹿児島では「ケー死ぬ」が「ケ死ン」となる)のキャー・ケー・ケ(ともに原形「掻い」)などがあるけれども、慣用の範囲といえば知れたものである。(略)その意味で関西の「ど」は、満天下に紹介する値打ちがある。(15頁)

と、「ど」は「満天下に紹介する値打ちがある」ことばと冗談めかして書いている。

　人は敬語を使って相手を高めたり事物を美化したりする。しかし、その逆に俗語を使って人・事物・ことばの品位を落とすこともする。たとえば「ど下手くそな初心者」の「ど下手くそ」は「下手くそ」だけでも相手を卑しめているが、さらに「ど」を付けて強調し、人を落としている。

　それにしても東京の「くそ」は汚いだけで、それほどインパクトがないのに対して、「ど」はいつまでも耳に残る。上に挙げた「どけち」は本来、大阪弁ではなく、東京製のことばであるが、いかにも大阪弁らしく強烈である。ついでにいえば「がめつい」も大阪弁ではなく、作家菊田一夫『がめつい奴』(1959年初演)から出たことばである。

　一方、江戸(東京)のほうは権力者、目上の者への悪態、啖呵の切れの良さが身上である。落語の『大工調べ』はそのいい例である。大工の与太郎が家賃を滞納したため大工道具を大家に取られた。与太郎の親方である棟梁政五郎が大家に胸のすくような啖呵を切る。

　　なにをぬかしやがるんでえ、べら棒めっ。大きな声はこちとら地声だい。なにをっ、でけえ面をするなだと、へっ、なにをいやがる。呆助、唐十郎、チンケイトウ、芋っ掘り、蕪っかじりめ——手前なんぞに頭ァさげるようなお哥兄(あにい)さんとお哥兄さんの出来がすこしばかりちがうんだい。手前みてえな野郎でも町役だと思やこそ下手に出てるんだ、それを、ケッ、手前こそでけえ面するない、ぐずぐずしてると張り倒すぞ、このまるたん棒め——っ(『古典落語大系　第六巻』三一書房、1969年)

　この伝統が夏目漱石の『坊っちゃん』にも受け継がれている。坊っちゃんが山嵐に悪態のことばを教えている有名なくだりに出てくる。

　　「ハイカラ野郎の、ペテン師の、イカサマ師の、猫被りの、香具師の、モンガーの、岡っ引きの、わんわん鳴けば犬も同然な奴とでも云ふがいゝ」
　　「おれにはさう舌は廻らない。君は能弁だ。第一単語を大変沢山知ってる。

それで演舌が出来ないのは不思議だ」
「なにこれは喧嘩のときに使うと思つて、用心の為めに取つて置く言葉さ。演舌となつちや、かうは出来ない」
「さうかな、然しぺらぺら出るぜ。もう一遍やつて見給へ」

　以上のような江戸（東京）と大阪の罵りことばの違いはどこに由来するのだろうか。江戸時代、江戸は政治都市、「将軍様のお膝元」に対して、大坂（当時の表記）は商業都市、「天下の台所」。江戸は武士が人口の4割を占めていたのに対し、大坂は武士がごく少数で、代わりに町人（商人）が大半だった。このことがことば、コミュニケーションのあり方に影響を与えてはいないだろうか。これに関して、しゃれことばがどうして大阪で発達したのかを探っている福井栄一『大阪人の「うまいこと言う」技術』（PHP新書、2005年）が参考になる。商都大坂では商いには巧みなことば、たくましいコミュケーションが必要とされた。それが言語感覚やコミュニケーション能力を発展させた。江戸が統治システム、組織で動く街に対して、大坂は人間くさいことばで動く街ではないだろうか。また、江戸がお上の権威におびえ、自由に物がいえず、「二本差しが恐くて田楽が食えるか」と威勢のいい啖呵を切るが、本当は武士が恐くて負け惜しみでいっているにすぎないのに対して、大坂はお上を意識することが薄く、自由闊達なコミュニケーションができ、それが罵りことばの豊富さに現れているのではないだろうか。

　ところで、罵りことばは共通語（標準語）には乏しいが、方言にはまだいろいろと残っている。『県別罵詈雑言辞典』（東京堂出版、2001年）が出版されているほどである。共通語（標準語）教育は方言ばかりか悪態語も消していったが、詩人の川崎洋は方言の「悪態語」を集め、まだ使われている悪態語を紹介している。とはいえ、日本語全体ではこの種のことばは減り続けている。それは中流社会になって地位や身分が同じようなものになり、貴賤の社会意識がなくなってきたことと関係があると思われる。たとい心では思っていても、そんなことは口には出せない社会になったからであり、また、男女平等意識の浸透により、男性の女性への罵りが減ったからである。

● **英語の罵りことば**

　次に目を世界に向けて見ると、日本語は他の言語に比べて罵詈雑言や卑猥な俗語は少ないという印象をもつ。また、その程度の強さからいえば他の言語には勝

てそうにない。堀内克明は「罵倒語の比較文化」(『言語生活』第321号、筑摩書房、1978年）に

> 悪口は東洋にも西洋にもある。どちらが悪口を好むかについては、西洋だと言う人が多いが、そう簡単に答えは出せそうにない。侮蔑語や罵倒語の実例を調べてみると、日本でも欧米でも、その数は多く、優劣はつけがたい。表現の強烈さや語気の強さという点では、イタリアやスペインに軍配が上がるかもしれないが、フランス人も悪口に強い。（略）アメリカは、ヨーロッパ各国とアフリカのエッセンスみたいな国だから、悪口はやたらに多い。（略）侮蔑語や罵倒語の種類や数はいちばん多いかもしれない。（略）一方、東洋では、中国の罵倒語は、その強烈さで日本を抜いているようだ。

と述べている。ロシア人は「悪態を好み、罵倒に対して異常なほど強い熱意を示すことははっきりと確認できる」（坂内徳明「悪態に挑む──ロシアの場合」『言語生活』第398号、筑摩書房、1985年）という。国や民族によって数や使用度や種類が異なっていると思われるが、残念ながら学問的に比較する資料がない。

そこで、堀内論文から罵詈雑言において英語と日本語とで種類や数が違うものを取り上げると、次のような特徴がいえる。

①神・キリストを持ち出して呪うことは欧米にきわめて多いが、日本語にはきわめて少ない。

（例）My God! /God damn you!/Jesus Christ!/Jesus!

（例）罰当たり

②天国・地獄を持ち出して呪うことは欧米にきわめて多いが、日本語にはない。「地獄に落ちろ」は英語の翻訳から生まれたいい方である。

（例）Heavens!/Hell!/Go to hell!/Get the hell out of here!

③「死ぬ」「血」を用いたことばは日本語では宗教に関係がないが、欧米では宗教（キリストの血）に関係し、英語 kill や die を用いた罵倒語はあまりない。

（例）bloody

（例）くたばれ・死ね・死んじまえ・豆腐の角に頭ぶつけて死んじまえ・血を見るぞ

④肛門・性器を用いた罵倒語は欧米に多いが、日本語は少ない。

（例）a pain in the ass（いらいらさせられるやつ）/ass kisser（尻にキスするようにぺこぺこするやつ）/smart ass（りこうぶったやつ）/asshole（けつの穴

みたいなばかったれ）/Cock!（チンポコ野郎）/cunt（性悪ないやな女）/Balls!（ばかな、ふざけるな）

　（例）けつの穴が小さい・皮かむり・包茎野郎・へなちん・パイパン

⑤性行為のことばを用いた罵倒語は欧米にきわめて多いが、日本語には少ない。

　（例）Fuck you!/screw/Up yours!（なめるな、いいかげんにしろ）

⑥母親を持ち出した罵倒語は欧米に多いが、日本語にはきわめて少ない。

　（例）motherfucker/mothereater/mothergrabber/motherjumper（お前のお袋とやる、最低の奴）

　（例）お前の母ちゃんでべそ

　アメリカ映画には上記の罵倒語は多く出てくるが、中でも『地獄の黙示録』（1979年）はことのほか多く、アジア人への差別語も多いという。『フレンチ・コネクション 2』（1975年）では刑事がFuckを147回も連発したという。日本映画では『仁義なき戦い　広島死闘篇』（1973年）では広島のヤクザが広島弁で罵倒する場面がしばしば出てくる。『男はつらいよ』シリーズの初期は寅さんの口から罵詈雑言が出てくる（川本三郎「『いなげな』時代は『セツナイ』」『現代詩手帖』第23巻5号、1980年参照）。両国の映画を比べても①〜⑥のことはいえる。

　これとは逆に日英語で共通するのは排泄物を利用した罵倒語と身体的特徴を動物などにたとえた罵倒語が多いことである。前者の例にShit!（くそっ）/Piss off!（失せろ）、「くそ」「くそ食らえ」「くそったれ」「小便たれ」「しょんべんくさい」などがあり、後者の例にbear（ブス）/dog（ブス）/quack（藪医者）、「ブタ」（太った奴）・「イヌ」（警察の回し者・スパイ）・「野良ネコ」・「ネコかぶり」・「ドブネズミ」・「タヌキ親父」・「馬づら」・「エテ公」などがある。

　①〜③はもちろんのこと、④〜⑥もキリスト教の欧米と非キリスト教国の日本の違いであろう。堀内は前掲論文で次のように述べている。

> 日本人は近親相姦を罵倒に利用しないだけでなく、セックスそのものもあまり悪口に出てこない。これはセックスに対する禁圧（インヒビション）や罪悪感が少ないために、罵倒になるだけのエネルギーがないことと、日本人に特有なはにかみが働いているものと見られる。（略）キリスト教国では、神の名でswearしたりcurseするのも、セックスをみだりに扱うのもsin（罪）であるために、どちらも強烈な罵倒になるのである。

限られた言語の限られた例しか見ていないが、他の言語と比べ日本語に罵倒語が少ないこと、その程度が弱いことはおそらく当たっているだろう。motherfuckerのような相手に与える強烈な衝撃の罵倒語は日本語にない。その理由について考えると、村社会、小さな共同体で生きてきた歴史と関係があるのではないだろうか。相手を傷つけたり、自己の主張を強く押しつけたりするような話し方をしないのが日本人の話し方の特徴である。小さな社会でつきあっていかなければ生きていけない者にとって強烈な罵倒語は禁物であった。また、罵倒するに値する強力な者がいなかったため罵倒語の程度が弱かったと推測できる。

俗語は何をどう表現しているのか

人は何を俗語にしているのかは、人の関心・価値評価にかかわる問題といえる。

5.1 人に関する俗語

人に関する俗語はさらに、1) 年齢、2) 身体部位、3) 容姿、4) 生理現象、5) 言動、6) 性格・人格、7) 能力、8) 感情、9) 職業・所属、10) 人間関係・結婚、11) 出身、12) 人称代名詞、13) 形容、14) 男性・女性、に下位分類される。

1) 年 齢

年齢に関する俗語はほめることばではなく、年寄りまたは年寄りくさいこと、幼いことなどをけなしたことばである。人をおとしめることは蔑視語・差別語に限らず、罵倒語、罵詈雑言といわれることばや表現が数多くあることからもわかるように、一般に俗語は侮蔑表現が多い。

たとえば「このおいぼれが！」と罵る「おいぼれ」「くそばばあ、とっととくたばってしまえ！」の「くそばばあ」「ださい中年のおじん、おばん」の「おじん」「おばん」がこの例である。その他に次のような語がある。

（例）あにい・あねき・アラサー・アラフォー・梅干しばばあ・おばはん・餓鬼・がきんちょ・くそおやじ・くそ餓鬼・こやじ（若いのにおやじみたいな奴）・こわっぱ・じゃり・じゃりんこ・ちび・ばあたれ・ばばあ

2) 身体部位

身体部位を別の語に言い換えたり、語形をくずしたりした俗語がある。特に性器を隠語にした俗語が多く、「卑語」「性語」「陰名」「性的隠語」ともいう俗語で

ある。卑猥な語感の俗語である。これだけでも数百語はあるが、ほとんどは一般の国語辞典には掲載されない。詳細は拙著『日本俗語大辞典』を参照されたい。

（例）赤貝（女性器）・あほ毛・エム（男性器）・えら（人のあご）・奥の院（女性器）・おみこし（腰）・がちゃ目・ぎょろ目・金玉・金的・くびったま・げじ眉・けつ・けつの穴・甲羅・ゴールデンボール・コンパス（足）・さお（男性器）・下っ腹・しりっぺた・せがれ（男性器）・象足・たらこくちびる・たまたま・玉袋・ちんちん・ちんぽこ・天然パーマ・どたま・どってぱら・どて・如来（女性器）・脳みそ・のどちんこ・ぱいおつ・ぱいぱい・ヒコページ（顔）・ぽこちん・ほっぺた・マメページ（頭）・マラ（男性器）・ミルクタンク・息子・めんたま・やち（女性器）

3）容　姿

　顔つき、体つきなど容姿を表す俗語がある。特に女性は顔・胸、男性は頭髪（はげ）にかかわる俗語が多い。ここもマイナスのけなした表現が多い。「イケメン」のようなほめことばは珍しい。「人三化七（にんさんばけしち）」という強烈な語があった。人間の要素が三分、化け物の要素が七分の顔という、女性の醜い顔を指した。明治時代から戦前まではしばしば使われたが、今では消えていった。「シャン」はドイツ語 schön（美しい）から出た旧制高等学校の学生語。美人の意。「シャン」から多くの合成語が生まれた。その中で一番よく使われたのが「トテシャン」である。「とてもシャン」の略。「トテシャン」の反対が「ウンシャン」「ドテシャン」。「unウン」は否定を意味する接頭語である。「ドテシャン」は「トテシャン」のもじりで、顔を見たらドテッと倒れるくらい不細工な女性。「スタイルシャン」略して「スタシャン」はスタイルの良い美人。「イットシャン」は性的魅力のある女性。「スコシャン」はすこぶる美人。「ツンシャン」は芸者。「ツン」は三味線の音で、三味線を弾く美人、すなわち芸者の意。「前シャン」は前顔が美人。大正時代の女学生語である。「エロシャン」はお色気美人。昭和初期の「エログロ」が流行した時代のことば。「バックシャン」とは後ろ姿が美しい女性または後ろ姿だけが美しい女性。後ろ美人。「横シャン」（横顔美人）・「とおシャン」（遠くから見ると美人）・「虎シャン」（「とおシャン」に同じ）・「ロングシャン」（「とおシャン」に同じ）がある。「お化粧シャン」（お化粧してやっと見られる女性）・「デコシャン」（「お化粧シャン」に同じ）・「ゲンシャン」（近づいて見ると幻滅させる美人）・「肉シャン」「肉体シャン」（顔は悪いが体はいい女性）・「トンシャン」（豚のよう

に太った女性）がある。その他に次のような語がある。

　（例）池（イケメン）・イケメン・今戸焼き（不美人）・芋俵（よく太っている人）・暑い（顔の彫りが深くて暑苦しい）・衛生美人・おかちめんこ・おかめ・おたふく・顔でぶ・かとんぼ・下半身でぶ・かまぼこぶす・がりまた・がんぐろ・逆蛍（はげ頭）・げろ男・コイン（女性の胸が小さい）・しょうゆ顔・せいたかのっぽ・ソース顔・垂れパイ・ちび・つるっぱげ・でかぱい・でこちゃん・でっちり・でぶ・トド・ナイン（女性の胸がない）・沼（イケメンの反対）・のっぽ・はげちゃぴん・鼻ぺちゃ・百貫デブ・貧乳・ブー・ブス・ブタ・ふとっちょ・ぺちゃぱい・へちゃむくれ・ボイン・骨皮筋衛門・やかん頭・やせっぽち・ロン毛・ロンパリ

4）生理現象

　大小便をすること、月経・屁・嘔吐・妊娠などの俗語があるが、数は少ない。「うちのやつ、はらぼてでね」の「はらぼて」は妊娠していることをいう俗語である。その他に次のような語がある。

　（例）エム（月経）・ガス・くそ・クライン（小便）・グロス（大便）・ゲー・下痢ピー・げろ・小・しょんべん・すかしっぺ・大・はらぺこ・ピーピー・日の丸（月経）・プー（屁）

5）言　動

　発話・行動などに関する俗語がある。行動はさまざまな種類があるために俗語の中で最も多い。この中には「しゃっちょこばる」のような「しゃちこばる」のくずれた形の俗語もあれば、「ハモる」のように動詞化する「る」をつけた俗語もある。「出歯る」という明治時代から大正時代に使われた俗語がある。これは有名な出歯亀事件から、変態的行為をする、色を好む、姦淫するなどの意。「出歯」に「る」をつけたもの。その他に次のような語がある。

　（例）あおかん（野宿・野外での性行為）・アカハラ・あばずれ・アルハラ（アルコールハラスメント）・いい子ぶりっ子する・いけいけ・売り（売春）・エッチする・オーライ芸者・オールする（徹夜する）・お釜を掘る・おっぱじめる・おんなたらし・かつあげ・がんつける・愚痴る・くっちゃね・くっちゃべる・こくる・こましゃくれる・こめつきバッタ・させ子・しかとする・事故る・知らんぷ

り・ずりせん・せんずり・タイマン・立ちしょん・タクる（タクシーに乗る）・だべる・ちくる・チューする・チンする（電子レンジで温める）・つるむ・つれしょん・ディスる・てくる・デコる・デモる・テルする・どろんする・なんぱする・にけつ（自転車の2人乗り）・ネグる・ねこばば・爆睡・ぱくる・ピンポンする・ピンポンダッシュ・ぶっこむ・ぶっころす・ぶったくる・ぶりっ子する・ぽいする・ほざく・ほっつき歩く・ミスる・メモる・めんちきる・ラリる

6) 性格・人格

性格・人格に関する俗語がある。また、そういう人を指す俗語がある。ほとんどが悪口である。これらは俗語の専売ともいえる。たとえば、漫画家いしかわじゅんが造語し、タレントのタモリがはやらせた「ねくら」は今も使われる俗語である。ただし、その反対の「ねあか」は消えた。「めかいち」は「めかいちちょんちょんのじゅう」の略で助平のこと。「助」を分解すると「目」「力」、「平」を分解すると「一」「ヽ」「ヽ」「十」だからである。その他に次のような語がある。

（例）あかんたれ・あばずれ・アブ（アブノーマル）・甘ちゃん・石部金吉・因業おやじ・因業ばばあ・エロおやじ・エロきち・鬼ばばあ・げす・けちんぼう・極楽とんぼ・自己中・しみったれ・すけべ・ちゃら男・ちゃらんぽらん・でれすけ・天然ぼけ・とうへんぼく・どすけべ・ナチュラルぼけ・ナル（ナルシスト）・ねちっこい・鼻下長・マザコン・みみっちい・ロリコン

7) 能力

頭の働き、仕事の能力などに関する俗語がある。ほとんどが無能力をあざけった俗語である。これらの中には消えていった語が多い。たとえば「クルクルパー」と同義の俗語に「左巻き」がある。つむじが左巻きの人は頭が悪いという俗説から出た俗語。頭が悪いこと、またその人をあざけっていう。1955年当時の大学生は「レフトクルクル」ともいってふざけた。「左巻き」は戦前からあることばで、「クルクルパー」はこれをもとにしてできた。先日、40歳の女性に「左巻き」を知っているか尋ねたところ、知らないと返事があった。いずれの国語辞典にも掲載されているが、死語に近づいているのは語源がわからなくなったためだろう。また「クルクルパー」同様、差別意識から使わなくなったのだろう。また、「すっとこどっこい」は相手を罵っていう俗語で、あまり聞かなくなった。もと馬鹿

囃子の囃子ことばである。馬鹿囃子とは東京付近で、おかめやひょっとこの面を付けて馬鹿踊り（むやみに跳ね踊る踊り）するところからついた名である。その他に次のような語がある。

(例) アーパー（パー）・あほ・あほたれ・いかれぽんち・うすのろ・うすらばか・おたんちん・蛍光灯・種なし・低能・できそこない・とろい・どんくさい・とんま・ぬけさく・脳足りん・脳留守・パー・パープリン・ばかたれ・ばかちん・パッパラパー・ひょうろくだま・へっぽこ・ぼけなす・ぽんくら

8) 感　情

感情を表す俗語がある。日本語一般は感情を表す語は少ないように、俗語も少ない。また日本語一般がオノマトペで表現することが多いように、俗語も多い。「うれピー」「かなピー」などは「のりピー語」と呼ばれ、タレントの酒井法子の造語で女子に使われた俗語。その他に次のような語がある。

(例) うざい・ウハウハ・きしょい・きもい・けったくそ悪い・げろげろ・こっぱずかしい・なつい（懐かしい）・にくったらしい・はずい（恥ずかしい）・むかつく・ルンルン

9) 職業・所属

職業や地位や所属する集団・構成員などを表す俗語がある。古い例では「三百代言」はもぐりの弁護士、悪徳弁護士を指す明治時代語で、略して「三百」ともいった。「腰弁」は腰に弁当箱を下げて出勤するような小官吏、安月給取りを卑しんでいう俗語で、明治から昭和の初めまで使われた。その他に次のような語がある。

(例) アイス（高利貸）・あたま（ボス）・アナドル（アナウンサーのアイドル）・イヌ（スパイ・警察の手下）・淫売・ウォーター系（水商売）・運ちゃん・エレガ（エレベーターガール）・お水（水商売の女性）・かてきょ（家庭教師）・キャバ嬢・これもん・三等重役・ジャーマネ・ジャニオタ・ジャリタレ・ジンゲル（芸者）・スッチー・スパモ（スーパーモデル）・生学（学生）・先公・族・竹の子医者・たねとり・中坊・鉄ちゃん（鉄道オタク）・デパガ（デパートガール）・七つ屋・ニコヨン・猫（芸者）・パーコン（パーティーコンパニオン）・ばいた・バンマス・ひも・プータロー・聞屋（ぶんや）・ポリ・街金（まちきん）・街のあんちゃん・まっぽ（警官）・やあ公・

ヤンキー・夜の女

10) 人間関係・結婚

　人間関係（夫婦・友人・恋人・愛人など）や結婚・未婚・離婚などを表す俗語がある。たとえば、妾は戦前から現在までは俗語で「二号」と呼ばれていた。それ以前の明治初期には「権妻（ごんさい）」、明治後半から戦前は「れこ」という俗語もあった。「権妻」は「権的（ごんてき）」ともいわれた。女性の送迎のために使われる若い男性、足代わりの男性を「アッシー君」といった。女性に奉仕する男性の一種で、バブル経済期の1990年に話題になって盛んに使われ、1990年代で消えていった語である。その他に次のような語がある。

　（例）行かず・内の奴（妻）・ウルトラハイミス・売れ残り・エス（女学生間の愛人）・エル（愛人）・オールドミス・お局・かかあざえもん・春日（「お局」に同じ）・キープ君・逆玉・ゴキブリ亭主・大黒（だいこく）（妻）・だち・だち公・旦（だん）つく・チョンガー・出戻り・ハイミス・ハズ・バツイチ・ひとりもん・ホモだち・まぶだち・もとかの・もとかれ・宿六・山の神・リーベ・ワシ男

11) 出　身

　田舎出身・外国出身などを表す俗語がある。いずれもけなした俗語である。たとえば「赤ゲット」は赤いケット（毛布）のマントを羽織ったお上りさんを指す明治時代語で、田舎者の代名詞であった。その他に次のような語がある。

　（例）アメ公（アメリカ人）・アメちゃん（アメリカ人）・いなかっぺ・いなかもん・いも・いもすけ・いもっぽ・いもねえちゃん・お上りさん・かっぺ・毛唐・じんがい（外人）・田吾作・だ埼玉・田印・田紳・どこの馬の骨ともわからない・ぽっとで・山猿

12) 人称代名詞

　一人称・二人称・三人称を表す俗語がある。数は少ない。

　（例）あいつ・あたい・あたし・あっし・あんた・うち・おのれ・おまえ・きさま・こいつ・こちとら・こやつ・そいつ・てめえ・ぼくちん・ミー・ユー・わい・われ

13) 形　容

人を形容をする俗語がある。「はくい」「まぶい」は近世後期からある江戸語で、犯罪者集団や寄席楽屋集団などで使われていた語である。前者は「上等」「良い」「美しい」意、後者も「良い」「美しい」意である。その他に次のような語がある。

（例）アバウト・うざい・エロい・かわゆい・きゃぴきゃぴ・けばい・こすい・態度エル・ださい・ださださ・ちっこい・ちっちゃい・ちゃらい・ちょろい・ちんたら・でかい・どつぼ・とっぽい・とんでる・のりのり・ばればれ・ぴんしゃん・へぼい・べろんべろん・へんちきりん・へんてこりん・もてもて・ラブラブ

14) 男性・女性

男性・女性を表す俗語がある。数は少ない。

（例）すけ・たれ・なおすけ・なおん・ばした・弁天・れこ

以上から、人に関する俗語は、1) 年齢、2) 身体部位、3) 容姿、5) 言動、6) 性格・人格、7) 能力、9) 職業・所属、10) 人間関係・結婚、に関する俗語が多いことがわかる。

5.2　物事に関する俗語

人以外に、物事に関する俗語がある。これはさらに、1) 物の俗称、2) 物事の様子、に下位分類される。

1) 物の俗称

この世の中にはさまざまな物・施設・場所があり、名前があるが、しばしば別の語に言い換えられたり、省略されたりしている。かなりの数にのぼる。たとえば、自転車を「チャリ」という俗語は「チャリンコ」の略である。「チャリキ」「チャーリー」という若者もいる。「チャリンコ」は朝鮮語の「ジャジョンゴ」（自転車）の訛りだろうか。「社会の窓」はズボンのチャックのことで、「社会の窓が開いている」という形で使われることが多い。戦後、NHKのラジオ番組名に由来する。水死体を「土左衛門」という。江戸時代の力士、成瀬川土左衛門が非常に肥えていたので、そのさまが水死体と似ているところから出た俗語である。その他に次

のような語がある。

(例) アーチ (ホームラン)・赤提灯・赤チン・赤点・朝ドラ (朝の連続ドラマ)・あたりがね (剃刀)・あたりばこ (硯箱)・あたりばち (すり鉢)・あたりめ (するめ)・ありのみ (梨)・あんちょこ (参考書)・あんぱん (シンナー)・イタめし (イタリア料理)・一六銀行 (質屋)・一発 (ホームラン)・糸へん (繊維業)・ウスケ (ウイスキー)・えんこう (公園)・えんま帳・億ション・おたまじゃくし (音符)・温泉マーク (連れ込み旅館)・学ラン (学生服)・ガバチョ (ガムテープ)・草 (マリファナ)・グラサン (サングラス)・ぐりぐり (しこり)・原チャ (原動機付き自転車)・現生(げんなま) (現金)・ゴム (コンドーム)・ゴロゴロ (キャリーバッグ)・茶店 (喫茶店)・実弾 (現金)・島 (縄張り)・シャカシャカ (ウインドブレーカー)・シャブ (覚醒剤)・スタバ (スターバックス)・セコハン・セブン (質屋)・チャカ (拳銃)・づら (かつら)・鉄管ビール (水道水)・とんかち (かなづち)・ななはん (750ccのバイク)・縄のれん (居酒屋)・ねずみ取り (スピード違反の取り締まり)・パー券 (パーティー券)・バタバタ (オート三輪)・百均・ファミマ (ファミリーマート)・ファミレス・葉っぱ (大麻)・ババシャツ (年寄りが着る肌色の下着)・ビックリマーク (感嘆符)・ぴんさつ・昼メロ (昼のメロドラマ)・ぶた箱・フリマ (フリーマーケット)・別荘 (刑務所)・ポテンヒット・ポン酒・マクド・マグロ (轢死体)・丸太ん棒・万札 (一万円札)・ミスコン (ミスコンテスト)・ミスド (ミスタードーナツ)・眠剤 (睡眠薬)・むしょ (刑務所)・もく (タバコ)・諭吉 (一万円札)・横めし (西洋料理)・四駆 (四輪駆動車)・ラブホ (ラブホテル)・連ドラ (連続ドラマ)・ロイホ (ロイヤルホスト)・ワン公 (犬)

2) 物事の様子

物事の様子を表す俗語、物を形容する俗語がある。1979年の流行語「ナウい」は今風の意であるが、現在では皮肉にも古風な語となった。その他に次のような語がある。

(例) 今っぽい・意味深・色ち (色違い)・おじゃん・おそろ・乙女チック・おニュー・ガス欠・きもかわいい・ぎんぎらぎん・金ぴか・グロい・しちめんどうくさい・ちんけ・ちんちくりん・つんつるてん・てれこ・てんこ盛り・ノーパン・ばかでかい・ひやっこい・ふわとろ・へんてこ・ほろい・ほろっちい・漫画チック・妙ちきりん・むずい・よさげ・楽ちん

5.3 ことばに関する俗語

人・物事以外にことばに関する俗語がある。これはさらに、1) ことば遊び、2) 言い換え、3) 俗語にすることば、4) 訛り・省略、5) 誤った語形・意味・用法、に下位分類される。

1) ことば遊び

ことば遊びや特に意味がなく発する俗語がある。驚きやあきれたことをいい表すことばはオノマトペ（擬音語）が多い。戦前に「ダー」があり、戦後では1950年頃からはやった「アジャパー」「ギョギョ」「ギョッ」が有名である。同じ頃に「ウヒャー」があった。1980年代以降だと、「ドヒャー」「ドッシャー」「ウッシャー」「ウヒョー」「ウッヒョー」などの若者語がある。2014年にはNHKの朝の連続ドラマから出た「じぇじぇじぇ」が記憶に新しい。これらの多くも感嘆詞なので口をついて出ることばだが、あまり品が良いといえない。その他に次のような語がある。

（例）あたりきしゃりき・あたり前田のクラッカー・イエーイ・いま百・ウハウハ・エロっぽい・遅かりし由良之助・驚き桃の木山椒の木・ガチョーン・シェー・テケレッツノパア・〜てちょんまげ・とんでもハップン・話がピーマン・百も承知の助・平気の平左衛門・もちコース・わけわかめ

2) 言い換え

日本語に英語を交えてふざけて言い換えた俗語である。

（例）犬の卒倒（ワンパターン）・ネバー好き（大嫌い）・ホワイトキック（しらける）

3) 俗語にすることば

俗語にする接頭語・接尾語がある。「〜る」は筆者が「る」ことばと呼ぶもので、動詞化する接尾辞である。

（例）ウルトラ〜・おっ〜・くそ〜・激〜・げろ〜・スーパー〜・すっ〜・〜たれ・超〜・〜的（猫的・泥的）・ど〜・ばか〜・ひっ〜・ひん〜・ぶっ〜・ぶん〜・〜る

4) 訛り・省略

元の語形の転訛や省略の俗語がある。話しことばゆえに起きる変化である。

（例）アウツ・あけおめ（あけましておめでとう）・あすこ・あちい・あちゃら・あっちゃこっちゃ・あっちゅうま・ありござ（ありがとうございます）・あんだけ・あんとき・あんなん・あんまし・いちんち・いっちゃん・いまんとこ・うちんち・うれちい・きっかし・きっちし・きみんち・ことよろ（ことしもよろしく）・さいなら・ざけんな・すんごい・そいじゃ・そいで・そんだけ・そんで・そんなら・だっちゅうの・ちょっきし・ちわ・ちわっす・どっちらけ・ドンマイ・なんてこった・ばっかし・ばっきゃろう・ぴったし・みっちし・メリクリ（メリークリスマス）・やっぱし・よそんち・わりかし

5) 誤った語形・意味・用法

誤った語形・意味・用法がかなり広まったものがある。ら抜きことばはその代表である。

（例）エケチット・おっしゃられる・好きくない・来れる・すごい・全然・たにんごと・ちがかった・寝れる・見れる・申される

俗語は定義のところで述べたように、標準的な、改まった語感ではなく、荒い・汚い・強い・幼稚・リズミカル・卑猥・下品・俗っぽい・くだけた・侮った・おおげさ・軽い・ふざけた・誤ったという言語意識（語感）をもつ語や言い回しである。ここに挙げた例はこのような語感をもつ語やいい回しといえる。

6

俗語はどんな人がどれくらい使うのか

　俗語は若者ことば・業界用語・隠語・卑語・流行語・差別語・一般語の口頭語形などさまざまな種類があるため、一概に良いとか悪い、あるいは好きとか嫌いとはいえない。本章では俗語の中の一部について、それらの意見、程度を見てみたい。

6.1　俗語の嫌悪感の個人差

●よい流行語、避けたい流行語

　流行語は俗語が多いため、今も昔もいわゆる知識人・文化人に嫌われがちである。今から80年あまり前の『婦人画報』(1932年11月号)に「よい流行語、避けたい流行語」を9人の教育家・小説家・漫画家に意見を求めている記事がある。9人が挙げた避けたい流行語は22語にものぼる。その中で一番多かったのが「インチキ」であった。以下、多い順に挙げておこう。

　　インチキ（5人）
　　エロ・モガ・モボ・モチ（3人）
　　彼氏・グロ・相当なもんだ（2人）
　　俄然・くさった・断然・ダンチ・〜デー・デマ・テロ・とたんに・とても・ナンセンス・パパ・ハンスト・ママ・やだ・ルンペン（1人）

「モガ」は「モダンガール」、「モボ」は「モダンボーイ」、「モチ」は「もちろん」の略語、「エロ」は「エロチック」、「グロ」は「グロテスク」の略語である。これらの「避けたい流行語」は略語をはじめ、意味や出所が悪い語で、軟派な軽佻浮薄なことばと感じられるからである。

　次に当時の流行語についての意識、特に抵抗感を見るよい資料なので、9人の

6. 俗語はどんな人がどれくらい使うのか

モガ・モボ

意見を引用しておこう。

漫画家　岡本一平
　「彼氏」といふ流行語を好みません。別に理由はありませんが。

小説家　中村武羅夫（なかむらむらお）
　「インチキ」「モガ」「モボ」など、流行語といふものの多くが、下品で、ひゞきが悪くて、どれも、これも、避けたく思ふものばかりです。「相当なもんだ」「断然」「もち」「やだ」、すべて軽佻で、中途半端で、イヤ味な言葉だと思ひます。

明治大学教授　赤神良讓（あかがみりょうじょう）
　近時の社会的風潮の反映であるだけに「モボ」「モガ」「エロ」「グロ」「ナンセンス」「ルンペン」「ハンスト」「インチキ」「クサツタ」「カレシ」といふやうな流行語、何一つでも全くいやであります。

東京女子高等師範学校講師　金子彦二郎
　「インチキ」といふ流行語は、外面的な、一時凌ぎな、まがひもの的な内容でちよろまかして、世間なんか渡つて行けるもの――といふやうな思想を伝播浸潤させていくバチルス的な表現であるから、堅実な興国的大国民の、挙つて敵視し、剿滅せねばならぬ言葉であり、思想であると思ひます。

東京府立第一高等女学校長　市川源三
　流行語で保存したいのは少い。「トテモ」「モチ」「ダンチ」「ガゼン」等は悉く避くべきであります。

社会教育家　高島米峰（たかしまべいほう）

流行語によいものなし。言葉も勿論御多分に洩れず、父母を「パパ」「ママ」と呼ぶが如きは最も不可です。「何々デー」なども耳ざはりです。

三輪田高等女学校長　三輪田元道

「インチキ」は悪い流行語です。もと博徒社会の言葉ですから。

「エロ」は性愛を意味し、「テロ」は暴力主義を意味するから、避けたいと思ひます。

「デマ」は独逸語の煽動或は欺瞞を意味するから避けたいと思ひます。「モボ」「モガ」の如きも、言葉の流行から一種の性格を模倣するやうになるから、悪い流行語です。

小説家　長田幹彦

流行語に碌なものはありません。むしろ避けたいものが多いやうに思はれます。

「モチ」は我々の青年時代に、落語家や芸者がさかんにつかつたものです。

「インチキ」なぞは下品で聞くにたへません。博徒の語ですもの。

「相当なもの」「トタンに」なぞもいやな感じです。

大妻裁縫女学校長　大妻コタカ

総て外来の流行語には、私はあまりよい感じを持ちません。殊に近頃盛んに耳にする「グロ」とか「エロ」とか云ふ言葉は不快です。

「彼氏」「〜デー」「デマ」「テロ」「とたんに」「とても」「ナンセンス」「パパ」「ハンスト」「ママ」「やだ」などは現在、流行語でもないし、避けたい俗語とも全く思われておらず、一般語である。ここにもことばの変化や意識の変化が読み取れる。特に「父母を「パパ」「ママ」と呼ぶが如きは最も不可です」と書かれた「パパ」「ママ」がきわめて一般化している現在から見ると不思議に思われるかもしれない。2年後の1934年、日本精神鼓吹者の松田源治文部大臣が家庭ではやっている「パパ」「ママ」を駆逐しなければならないと発言し、「パパ・ママ論争」が起き、言語学者の新村出が「パパ・ママ」について言語学者の立場から発言するまでになった。

では、現在「インチキ」は国語辞典にどのように書かれているだろうか。

『三省堂国語辞典　第七版』…〔俗〕不正。ごまかし。

『明鏡国語辞典　第二版』…①勝負事・博打などで、相手の目をごまかして不正をすること。いかさま。(略) ②ほんものでないこと。

『新明解国語辞典　第七版』…①不正。ごまかし。②にせ物。
『岩波国語辞典　第七版』…〔俗〕①賭博で不正をすること。②不正。不正なこと、また、もの。ごまかし。まやかし。

『三省堂国語辞典　第七版』の〔俗〕は「俗語・卑語・隠語」を表し、『岩波国語辞典　第七版』の〔俗〕は「俗語」を表す。

「インチキ」は素性が悪いため嫌われているが、一人だけ（市川源三）、「よい流行語」に挙げて、次のように述べている。

「インチキ」は贋造、偽造などの強味と嫌味がなく、ユーモラスなところがあつて用ひて行きたいと思ひます。

俗語の語感には個人差があり、使用についても違いがあることがわかる。

一方、「よい流行語」として挙げられたものは「自力更生」「生命線」「認識」「認識不足」「優越感」「スマート」「シーク」であった。漢語は流行語でも受け入れられていることがわかる。漢語は硬派だからである。「自力更生」は1932年、斎藤実内閣が疲弊した農村保護のために打ち出したスローガンである。「生命線」は同年、衆議院本会議で松岡洋右が軟弱な幣原外交を非難した中で「満蒙は我が国の生命線である」と発言したことから出た流行語で、「～の生命線」と盛んに使われた。「認識不足」は同年、満州事変が勃発し、中国が国連に日本の侵略を提訴したため、国連はリットン調査団を現地に派遣し、報告書の中でそれを認めた。これに対して日本政府は日本と満州国の現状に対する認識不足であるといったところから、流行語になり、軽い意味で使われた。

●隠語の意識

次に俗語の中でも隠語の使用についての意識を書いた珍しい文章を紹介しておこう。それは高見順『いやな感じ』第2章その一（1963年）に出てくる主人公のアナーキスト「俺」がもつ意識である。少し長くなるが引用しておく。

今までも、そしてこれからも、突然、隠語が出てくる場合があるが、俺としてはかならずそこに必然的な、出てくるのが自然な気持があるのだ。もしも俺が女の足袋をヨコビラと突然、突如として言つたとしたらそのときその足袋から俺は特別な強烈な印象を与へられてゐたのだ。それはタビぢやなくて、どうしてもヨコビラなのだ。

だが、人によつて隠語をキザととるかもしれぬ。ひけらかしてと見るかも

しれない。お上品な方々はヒンシュクなさるにちがひない。たとへば、一度もムシにかまれたことのない、豚箱にすらはいつたことのない昨今の書斎派的左翼――おつと、これは昔の言葉だ、今は進歩的文化人と言ふのだらうか、安全地帯でオダをあげてゐるこの連中には、俺の隠語がお気に召さないことだらう。

　隠語を俺は、ヤーさまになつた丸万から聞き覚えたといふだけぢやなくて、ヤクザや泥棒なんかと同じ房で暮したために隠語を使ふことが自然と身についたのだ。だから俺はテキヤの隠語のほかに泥棒なんかの隠語も知つてゐる。

　さうした隠語を使ふのはキザだ、ハッタリだと、人から思はれることはかまはないが、俺が泥棒の隠語を使ふことで俺たちアナーキストが泥棒と同じ類ひの人間と見られることは困る。アナーキストの名誉のためにそれは心外だ。

　隠語なんか、ほんとは使はないはうがいいのだと。と知りながら、隠語がつい口をついて出てくるのはなぜか。

　現在の俺に残されてゐるのはこの隠語だけなのだ。波瀾万丈――と自分で言つちやをかしいが、さうした俺の過去が俺に残して行つたものはただこの隠語だけだつたのだ。――

「俺」はテキヤ（香具師）の男からテキヤの隠語を覚え、刑務所暮らしで同房の泥棒から泥棒の隠語を覚えた。隠語を本当は使わないほうがいいと思うと使用の意識を述べているが、つい使ってしまうのは波瀾万丈の人生で今残っているのは隠語だけだからであるという。また、隠語の使用を「キザ」とか「ひけらかし」とか「ハッタリ」などと人に思われるかもしれないし、「ヒンシュクなさる」「お気に召さない」人もいるであろうと、隠語を聞く側の意識も述べている。

6.2　俗語の使用の世代差・性差

　俗語の使用に関する最近の調査結果を紹介しよう。2012年9月に文化庁文化部国語課から「平成23年度　国語に関する世論調査」の結果が発表された。その中に80ページの質問があった。まず、あなたも答えてみてください。

　12項目の表現はいずれも若者がしばしば使うものである。「ある」「ない」「分からない」で回答を求めた結果、「ある」が最も多かったのは④の「1コ上」という年齢の表現である（56.9%）。「ない」（42.4%）を上回った。しかも過去の調

「あなたは、ここに挙げた①〜⑫の下線部分の言い方をすることがありますか、それともありませんか。」

		ある	ない	分からない
①	「あの人は走るのがすごく速い」ということを、「あの人は走るのがすごい速い」と言う	48.8 (46.3)	50.3 (52.9)	0.9 (0.8)
②	「あの人みたいになりたい」ということを、「あの人みたくなりたい」と言う	18.8 (19.9)	80.4 (79.6)	0.7 (0.5)
③	「なにげなくそうした」ということを、「なにげにそうした」と言う	28.9 (23.5)	70.3 (75.7)	0.8 (0.8)
④	「あの人は私より1歳上だ」ということを、「あの人は私より1コ上だ」と言う	56.9 (50.8)	42.4 (48.8)	0.7 (0.4)
⑤	「とてもきれいだ」ということを「チョーきれいだ」と言う	26.2 (21.4)	73.3 (78.2)	0.4 (0.4)
⑥	「腹が立つ」ということを「むかつく」と言う	51.7 (48.1)	48.0 (51.3)	0.3 (0.5)
⑦	「寝る前に歯を磨きます。その時に…」ということを、「寝る前に歯を磨くじゃないですか、その時に…」と言う	17.7 (19.2)	81.2 (78.9)	1.1 (1.9)
⑧	「とても明るい」ということを、「全然明るい」と言う	20.0 (20.7)	79.5 (78.6)	0.5 (0.6)
⑨	「しっかり、たくさん食べよう」ということを「がっつり食べよう」と言う ※	21.8	77.5	0.7
⑩	「正反対」ということを「真逆（まぎゃく）」と言う ※	22.1	77.4	0.5
⑪	「中途半端でない」ということを「半端ない」と言う ※	20.1	79.5	0.4
⑫	「ゆっくり、のんびりする」ということを「まったりする」と言う ※	29	70.4	0.6

数字は％、（　）内は平成15年度調査、※は今回初めて調査したもの。

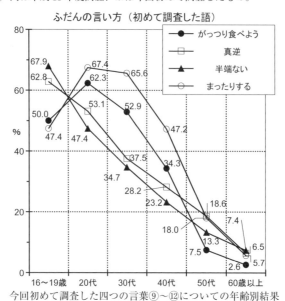

今回初めて調査した四つの言葉⑨〜⑫についての年齢別結果

「平成23年度　国語に関する世論調査」の結果（文化庁、2012）

査と比較すると増加傾向にある。20〜30代では9割前後が「ある」と答えているが、60歳以上では3割弱と少ない。世代差が見られるが、50代以下では6割を超えているので、全体が6割を超えるのは近い。「1コ上」は嫌いな表現の一つで私は使わないが、知り合いの50歳の言語研究者は使っている。同じ言語研究者でも語感は違っていよう。

　次に「ある」が多かったのは⑥「むかつく」(51.7%)で、「ない」は48.0%と拮抗している。これも増加傾向にある。20代以下では8割台後半であるが、60歳以上は2割台と少ない。世代差が見られる。「むかつく」は本来、「胃がむかつく」のであるが、近年、若者語は「チョーむかつく」といって、胃から腸へと変わったと茶化すお笑い芸人がいた。新しい用法は1980年頃から見られ、1998年の栃木県黒磯市（当時）の中学校で教師を刺殺した中学生が使ったことばとして注目された。

　その次に「ある」が多かったのは①「すごい」(48.8%)で、「ない」は50.3%と拮抗している。これも増加傾向にある。また性差があり、女性のほうがよく使う。男性の20代以下では6割台、女性の30代以下では7割台と多いが、男女とも50代で4割台、60歳以上では3割台と減っている。

　この「1コ上」「むかつく」「すごい」の三つは世代差がはっきりしており、若年層ほどよく使うが、全体でも半数を超える、または半数に近い数値で、かなり一般化の傾向にある。

　それに比して他の項目はそれほどでもない。「ある」が2割台の項目が七つあった。多い順に見ると、⑫「まったり」(29.0%)、「ある」は女性のほうが高く、性差が見られる。年代が上がるほど低くなる傾向になる。

　③「なにげに」(28.9%)は増加傾向にある。性差はなく、「ある」は男女とも30代以下で半数以上と高いが、年代が上がるほどに「ある」は低くなっている。しかし、近い将来、半数近くを占めるのではないだろうか。「さりげなく」を「さりげに」というのも同様である。

　⑤「チョー」(26.2%)も増加傾向にある。「ある」は女性のほうが高く、性差が見られる。「ある」の割合は男女とも年代が低いほど高くなり、30代以下で半数を超えている。

　⑩「真逆」(22.1%)は男女とも年代が低いほど高い。男性の30代以下と女性の20代以下は5割弱から6割台と高いが、60歳以上では1割未満と低い。

⑨「がっつり」(21.8%)は男性のほうが高く、性差がある。「ある」は男性30代以下と女性20代で半数を超えているが、男女とも50代以上では1割未満と低い。

⑪「半端ない」(20.1%)の「ある」は男女とも年代が低いほど高く、20代以下では4割台から7割台と高率であるが、60歳以上では1割未満と低い。しかし、これも近い将来、半数近くを占めるのではないだろうか。

⑧「全然」(20.0%)は過去の調査と比較してあまり変化はない。「ある」は男女とも20〜30代で4割台から5割台半ばと高いが、50代は1割台、60歳以上は1割未満と低い。「全然明るい」を尋ねているが、同じ肯定でも「全然いい」ならもっと「ある」率が高くなると予想される。

今回の調査でわかったことは若者ことばが一般化しているもの(「1コ上」「むかつく」「すごい」)とまだそれほどでないものとがあること、それほどでない語は当然ながら上の世代はほとんど使用していないこと、また男性のほうがよく使う「がっつり」、女性のほうがよく使う「すごい」「まったり」「チョー」があり、性差が見られたことがあげられる。俗語は男性のことばと思いがちであるが、女性も使うことがわかる。

次にもう一つの調査結果を紹介しよう。同じく文化庁による平成25年度の「国語に関する世論調査」の結果である。「る」ことばの使用を聞いている。「サボる」は86.4%が使用すると答え、世代を問わず定着している。「事故る」は52.6%、「パニクる」は49.4%が使用すると答え、半数の人が使用していることがわかる。しかし、「こくる」(愛を告白する)は22.3%、「きょどる」(挙動不審の態度を取る)は15.6%と少数であり、若い世代が限られている。

さて、あなたの答えと調査結果を比べてどうだっただろうか。増加傾向にある若者ことばの用法もあった。自分には嫌で、不快で聞くに堪えない、耳障りである、気になる、などと思うことばも他の人には、また後にはそうでないことがあることも覚えておきたい。語感は主観的であり、個人差があるのである。

俗語の宝庫　①流行語

1.3節で俗語の候補語に軟派の流行語があることを述べたが、流行語は俗語の宝庫ともいえる。

7.1　流行語とは

流行語とはその時代に適応して、きわめて感化的意味が強く、広く人々に使用されたことばである。それは特定の集団内に使用される狭い流行語と広く社会一般に使用される大衆的流行語とがある。また、せいぜい1年、多くは半年という一過性の流行語がほとんどであるが、ある時代（10年くらい）のキーワードのような流行語もあれば、一般語化して定着する流行語もまれにある。さらにまた、新語である場合とそうでない場合がある。形態は必ずしも単語ではなく、句であったり文であったりすることもある。

（例）モガ・モボ（モダンガール・モダンボーイ）・いやじゃありませんか・大きいことはいいことだ・しらけ・フィーバー・狭い日本そんなに急いでどこへ行く・バブル

● 流行語の発生の理由

流行語がどうして発生するのかには四つの理由が考えられる。第一は社会的理由、第二は心理的理由、第三は言語的理由、第四は言語感覚的理由である。以下、順に説明していこう。

1）　社会的理由

第一は社会的理由で、社会の状況、世相、風俗を言い表すことばがなかったと

きに、またそれを風刺しようとするときにちょうどぴったりのことばが出ると流行する場合である。

　この5、6年、「森ガール」「山ガール」「釣りガール」などという「〜ガール」がはやっている。「森ガール」とは空想的にいかにも森にいそうな若い女性のことで、そのようなファッションスタイルを指す。「山ガール」とはファッショナブルなアウトドア衣料を身に着けて山に登る若い女性のこと、「釣りガール」はファッショナブルな格好で釣りを楽しむ若い女性である。いずれも「エレベーターガール」のような職業を表した「ガール」ではない。しかし、「ガール」の流行ははじめてのことではない。「〜ガール」ということば自体は1930年頃に大流行したのだった。そこで、社会的な理由で発生した流行語「〜ガール」を取り上げよう。

　その当時の「ガール」の代表はなんといっても「モダンガール」である。これは昭和初期のモダニズムを代表することばで、本来は近代思想にめざめた教養ある若い女性のことだが、当時、洋装・断髪の若い女性、また軽佻浮薄、享楽的な若い女性を指して使われた。もとは評論家の北沢秀一が本来の意味で欧米のそのような女性を指すことばとして1924年に紹介したが、1926年頃、評論家の新居格(いいたる)が日本に出現した洋装・断髪の若い女性をそう命名し、流行して広まったことばである。その後、1927年には「モガ」と略された。

　昭和に入ると「職業婦人」が社会に進出して、彼女たちを「〜ガール」と呼んだ。「モダンガール」から始まった「〜ガール」にはさまざまなものがあった。高田義一郎「ガール全盛時代」『婦人画報』(1930年2月1日号)にその状況がよく表されているので引用しておこう。

　　ステッキ・ガール
　　ワンサ・ガール
　　ストリート・ガール
　　ガソリン・ガール
　　ボート・ガール
　　円タク・ガール
　　マネキン・ガール
　　エンゲルス・ガール
　　シヨツプ・ガール

タイピスト・ガール等、等、等一々数へれば限りがない位、街上に、店頭に、実在的にはた又架空的に、お丶、何とガールの種類の多いことよ！　何でもいゝ、ガールとさへ云へば時代の尖端に立つものとして注目されるかの観があつて、正にガール全盛時代といふことが出来るであらう。諸々のガール達が百花爛漫の春の趣を呈して居るのが、一九三〇年の情景である。

　ガールの命名が日に日に新しく、目まぐるしい程に出来て来る関係から、以上の中にも奇怪なのや、意味の不明なものなどがある。

職業以外にも何でも「ガール」と名づけ、「ガール」が合成語の後項要素として盛んに使われた。ただ語が流行したのではない。この背景にはアメリカニズムがあった。特に女性解放と享楽主義と、より新奇なものを求め、マスメディアが尖端的な風俗を取り上げる傾向とがあった。決して明治時代や大正初期、また戦時中には出現し得ないのはそのためだ。

　具体的にどんな語があったかは『エロ・エロ東京娘百景』(1930年) が詳しい。また、『現代新語集成』(1931年) の付録「日米モダンガールエロエロ集」に57語の「〜ガール」が挙げられている (『社会百科尖端大辞典』(1932年) も同一)。さらに『モダン語漫画辞典』『現代術語辞典』(1931年) にも多くを見出す。以下にその他の資料からも合わせて 50 音順に列挙しておこう (155 語)。

　アウタガール・青バスガール・アパートガール・アマチョコガール・案内ガール・板張りガール・イットガール・イレズミガール・ウーピーガール・ウォークガール・ウルトラガール・エアガール・エキストラガール・エロガール・エログロガール・エレベーターガール・エンゲルスガール・エンタクガール・オークションガール・オーケーガール・オーライガール・オカチンガール・オシャクガール・オフィスガール・オペチョコガール・カードガール・カウンタガール・ガソリンガール・カフェガール・カルピスガール・キスガール（キッスガール）・喫茶ガール・ギャソリンガール・キャラメルガール・キャンプガール・クッションガール・ゲイシャガール・ゲームガール・コーラスガール・ゴルフガール・サーカスガール・サービスガール・サイレンガール・サインガール・座談会ガール・サンマーガール・シークガール・シックガール・シャボンガール・乗馬ガール・ショップガール・シロネズミガール・水泳ガール・スキーガール・スクールガール・スクリプトガール・スタンドガール・スタンプドガール・ステッキガール・ストリートガー

ル・スピーキングガール・スポイトガール・スポーツガール・スポンジガール・スモークガール・セールズガール・セネットガール・タッチガール・タッチンググール・タバコガール・ダンスガール・チケットガール・チョイトガール・ツルベガール・ディコイガール・碇泊ガール・テケツガール・デパートガール・テレフォンガール・ドアガール・トップガール・ドライブガール・トラムガール・トレインガール・トンボリガール・ナッシングガール・ナンセンスガール・ニュースガール・ノーズロガール・ノズガール・バーガール・バーバガール・ハイスピードガール・博愛ガール・バスガール・バッグガール・パラシュートガール・ビジネスガール・ピストガール・ビラガール・ビリヤードガール・ビルガール・ヒロインガール・ファクトリガール・フーピーガール・フォリーガール・プラットガール・フラワーガール・フレッシュガール・文選ガール・文筆ガール・ペットガール・ヘローガール・ボートガール・星ガール・ポスタガール・ポストガール・ボックスガール・ホテルガール・ボヘミアンガール・ホワイトガール・ぽん引きガール・麻雀ガール・捲き線ガール・マチガール・マツタケガール・マッチガール・マニキュアガール・マネキンガール・マリ（一）ンガール・丸ビルガール・ミシンガール・ミスターガール・メイルガール・メッセンヂャーガール・モータガール・モスリンガール・モダンガール・モデルガール・ヤンキーガール・有閑ガール・夕刊ガール・ライブラリガール・ラディカルガール・ランチガール・リップガール・流行ガール・旅行ガール・レストランガール・レスピアガール・列車ガール・レビュウガール・ワンサガール・ワンパスガール

次にクイズ形式で出題しよう。左のことばの意味を右のa〜eから選べ。

イットガール	a	共産主義の本を抱えて歩く女性
エンゲルスガール	b	男性のおともをする職業ガール
エンタクガール	c	大部屋女優
ステッキガール	d	性的魅力のある女性
ワンサガール	e	タクシーの助手席に乗って客引きする女性

正解 「イットガール」はd、「エンゲルスガール」はa、「エンタクガール」はe、「ステッキガール」はb、「ワンサガール」はcである。

「イットガール」の「イット」は英語itで、アメリカの女優クララ・ボウ主演映画『イット』から、性的魅力のこと。「イットガール」は性的魅力のある女性。

川端康成『浅草紅団』45（1929〜1930年）に「イット・ガアル裸形の大乱舞」とあり、『エロ・エロ東京娘百景』（1930年）に「イット・ガール」の項目があり、「有閑令嬢富美子の武器はイットを発散させることだつた。女性が男性を征服するにはこのイット以外適当の武器がないことをよく彼女は知つてゐた。で……それはかるたの勝負を決する場合、形勢不利と見るや、直ちに、彼女は膝をくづす……白い股がチラリ……チラリ……それでも奏功しないときは、胸をなまめかしくはだける」と有様を書いている。この映画が大人気であったためにはやったことばだった。

「エンゲルスガール」は「マルクスボーイ」に対していう。マルクスやエンゲルスの書物を抱えて歩いたり、共産主義を語ったりする若い女性をあざけっていうことば。『モダン語漫画辞典』（1931年）に「エンゲルス・ガール（略）マルクス・ボーイに対抗して出現した語である。エンゲルスはマルクスと仲良く、殆ど時を同じうして全集を出された社会主義者だから、対抗上、エンゲルス・ガールが出現したつて少しも不思議は無い。しかしエンゲルス・ガールと云ふ言葉には、尊敬の意志なんて爪の垢ほども含まれてはゐないのだから、もしもエンゲルス・ガールと云はれて喜ぶ女が居たら、それこそ物知らずの大馬鹿者だと思つて差支へない」とある。1928年にマルクス、エンゲルスの全集が出版され、流行のマルクス主義にかぶれた若い男性を「マルクスボーイ」といったのに対して、その女性を「エンゲルスガール」といった。

「エンタクガール」は「円タクガール」で、一円均一タクシー、円タクの助手席に座って客引きする若い女性だが、売春行為もした。円タクの始まりは1924年、大阪で設立された均一タクシー株式会社で、1925年末には東京にも出現した。

客の取り合いから、「円タクガール」が生まれた。

「ステッキガール」は上の語以上に話題になった。『モダン用語辞典』(1930年)に「ステツキガール　東京に起つた一九二九年に於ける新造語。銀座に出現して、一定の時間および距離の散歩の相手をする代償として料金を求める若い女の意味である。つまり男のステツキの代りをする女である」とある。

「ワンサガール」はわんさといる大部屋女優のことで、徳川夢声の造語である。

以上、いずれも1930年前後の話題になったことばである。女性が社会に出て、目立つようになり、また時代の先端をいく服装・化粧・言動をしたため、そういう女性を「～ガール」と呼んだ。しかし、これも戦争の突入とともに消えていった。社会が許さなかったからである。

その他、たとえば「新人類」「ミレニアム」のように、ことがらが頻繁に起こる場合、それを報じることばは必然的に多く使用されて流行語になる場合がある。

2) 心理的理由

第二は心理的理由で、有名人が口にするのを追従する大衆心理や、人が使っているから自分も使わないと時代遅れになるとか仲間はずれになるとかいう意識、またそのことばがかっこいいという意識などが働いた場合である。これは他の理由と複合している。たとえば、明治時代にはやった女学生ことば「てよだわことば」(文末に「てよ」「だわ」をつける) はみんなが使うから私もという心理が働いたものである。また、1936年頃～1940年頃に全国に流行した「わしゃ、かなわんよ」は喜劇俳優の高瀬実乗が言ったもので、戦争で暗かった気分を明るくしたこともあってみんながまねて使った。昭和初期のモボ・モガと呼ばれた「当世尖端を行く青年男女」の「モダン語」もこれに属する。たとえば、「どうかと思うね」「参ったよ」「相当なもんだ」「ダンチ」「顔負けする」などがある。

3) 言語的理由

第三は言語的理由で、そのことばのもつ語形・意味・用法の奇抜さ、新鮮さや日常会話に使用できる範囲の広さから流行する場合である。中でも流行語が広くはやる理由は日常会話に応用が利くことである。たとえば、明治初期に「オヤマカチャンリン」は語形のおもしろさから流行した。獅子文六の新聞連載小説『自由学校』(1950年)から出た「とんでもハップン」は日本語と英語混ぜた新奇さ

が若者にはやった。1930年「何が彼女をそうさせたのか」は会話に広く応用できるために流行語になった。これももともと藤森成吉（ふじもりせいきち）の戯曲名で、映画化されて流行語になったものである。「何が彼を神経衰弱にさせたのか」「何が彼女を痩せさせたのか」などといろいろ言い換えられて日常会話に使われた。

（例）がぜん・がっちり・ダンチ・ちゃっかり・今からでも遅くはない・ビミョー・むかつく・そんなの関係ねぇ・KY・ワイルドだろぉ・今でしょ・だめよ、だめだめ

4) 言語感覚的理由

第四は言語感覚的理由で、表現の感覚化で、あまり意味のない音を感覚的に発するおもしろさから流行する場合である。

（例）アジャパー・ダー・ウハウハ・シェー・ガチョーン・フォー・ドドスコ・じぇじぇじぇ

7.2　明治・大正の流行語

明治時代の最大の流行語は「ハイカラ」である。西洋志向の社会から生まれたものである。初出は『毎日新聞』(1900年6月21日)の連載「当世人物評」で、進歩主義者・欧化主義者を「ハイカラア党」と呼んだのが始まり。「ハイカラ」から「ハイカる」という派生動詞が造られ、反義語「蛮カラ」まで造られた、さらに「ハイカラソング」「ハイカラ髷」など多くの合成語も造られるほど流行した。

明治・大正時代は国内外に戦争を多く経験した時代であった。1904年に日露戦争が始まると「露探（ろたん）」が流行語となった。ロシアに内通した日本人スパイのことで、「露西亜探偵」の略である。露探事件として有名なのは二六新報社長の秋山定輔（あきやまていすけ）が露探の嫌疑をかけられ、新聞の発行停止にまで追いやられた事件である。日露戦争後、1910年に日本が韓国を併合すると「併合」が流行語になった。一緒にすること、一緒になることならなんでも「併合」といってはやった。

明治後半に女学生の言動が世間の注目の的となり、批判の的となった。女学生といえば「あら、よくってよ」「いやだわ」のように文末に「てよ」「だわ」をつける「てよだわことば」がはやった。ただし、世間からは下品だと非難されたが、明治末には一般に普及した。

大正時代になると大都市に人口が集中し、サラリーマンが急増したことから、

薄給のサラリーマンをからかった「洋服細民」がはやった。同じ頃、学校を卒業しても職に就かずにいる者を「高等遊民」と呼んだ。就職難が叫ばれた時代の産物であった。

　流行歌から生まれた流行語があった。ここでは言語感覚的理由ではやった流行語の例を挙げておこう。1877年頃はやった「オヤマカチャンリン」は役所の官員や士族の商法をからかった歌で、歌詞の最後に「オヤマカチャンリン」と歌う。意味不明の音が受けた。また演歌第一号の「オッペケペー節」(1889年)の歌詞から出た「オッペケペー」がある。これは皮相な欧化主義に対する痛烈な批判の歌であるが、「オッペケペー」はこれまた意味不明のおもしろい音である。1915年に「マックロ節」が流行し、歌詞「マックロケノケ」が流行語となった。調子の良さからはやった。1919年に「東京節」が流行した。その中の「ラメチャンタラ　ギッチョンチョンデ　パイノパイノパイ」が流行語になった。

7.3　昭和戦後の流行語

　次に戦後の例を見てみよう。1960年9月に池田勇人首相は国民所得倍増計画を発表し、10年間で国民所得を2倍にするといった。実際に実質国民所得は約7年で2倍になった。この年は経済的に豊かになっていく高度経済成長の初めの年であった。1953年にテレビ放送が開始されたが、テレビは高額で、受信契約数は1958年初め、約78万台にすぎなかった。しかし、経済的に余裕が出るとともに増え、1961年には1000万台を突破し、ラジオにかわって主役の座についた。また、それまで娯楽の主役であった映画もテレビにとってかわられた。映画館数は1960年がピークで、テレビの普及とともに減り続け、1970年に半減した。

●ガチョーン——テレビ時代

　そこでテレビ番組、CM、テレビタレントから出た「ガチョーン」が流行語となった。言語感覚的理由ではやった例である。「ガチョーン」は1963年、谷啓がテレビで使ったギャグ。また日本中が注目した1964年の東京オリンピックから「ウルトラC」がはやった。体操競技の最高難度Cを超える「ウルトラC」を、日本選手が出したところから出た。社会的理由によってはやった例である。

　1959年に週刊の漫画雑誌『少年マガジン』『少年サンデー』が創刊され、1968

年には『少年ジャンプ』が創刊された。1960年代後半になると発行部数が100万部を超えるようになり、読者層も大学生にまで広がった。これらから多くの流行漫画が生まれ、流行語も生まれた。そのひとつが「シェー」。これは1965年、漫画『おそ松くん』の登場人物イヤミが発することばで、手足にポーズがついている。後にテレビアニメにもなり大流行する。「ガチョーン」にしても「シェー」にしても無意味語であるが、遊び心があり、おかしみがあり、はやった。言語感覚的理由から流行したといえる。しかし、これらの流行語もある期間ははやり、使われたが、過去のことばとなった。

●しらけ──1970年代の流行語

1970年代初頭は1960年代後半の学生運動の挫折による「しらけ」「しらける」が流行語となった。何でも一歩引いて見る時代にぴったりのことばであった。さらに追い討ちをかけるように第一次オイルショックが1973年に起き、日本経済は不況と低成長の時代へと向かい、閉塞感をもたらした。また暗い時代に一時的にも熱狂したい気持ちが「フィーバー」となって流行った。「フィーバー」は1978年、日本で公開されたアメリカ映画『サタデー・ナイト・フィーバー』から、熱狂する、盛り上がる意「フィーバる」と動詞化され、俗語も生まれた。

1960年代の大学紛争の中で生まれた脱体制がサラリーマン社会に広がって「脱サラ」になって1970年代に進み、「脱〜」がはやった。

1974年に大野晋『日本語をさかのぼる』、丸谷才一『日本語のために』がベストセラーになり、日本語ブームになったが、時代が内省し、日本人・日本とは何かというアイデンティティの問題に関係していた。このようなことから「ルーツ」がはやる素地はあった。「ルーツ」は1977年、アメリカ黒人作家の小説『ルーツ』から、先祖・由来の意で流行語になった。

以上の4語はいずれも社会的理由による流行語である。

●新人類──1980年代の流行語

1980年代は高度消費娯楽社会となり、若者を中心に消費を謳歌し、またボーダーレス社会となり、価値観が多様化して、なんでもあり、自分さえよければいいという時代になった。社会全体が「軽薄短小」の薄っぺらい文化になった。「軽薄短小」は1983年、『日経流通新聞』が1981年にヒットした商品の特徴をいい

表したことばから広まった。

　この時代の若者はそれ以前の人とかなり違うとされ「新人類」と命名された。「新人類」は1985年、1960年代以降に生まれた若者を表す呼称である。彼らは自分には忠実で、楽しくないことには興味を示さず、感性にあったものにはさまざまな媒体を通じて情報を収集するという。元来はマーケティングの用語であった。時代の産物といってよいが、「新人類」は虚構にすぎないともいう。

　現在、「軽薄短小」も「新人類」もその時代をいい表す用語、すなわち世相語として用いられ、日常語ではない。社会的理由によって生まれた語といえる。

　1984年から流行語大賞が発表されているが、明らかに1960年代、1970年代の流行語のはやりの程度に比べ小さく、短く、狭い。真の流行語は1980年代以降は現れていない。

●バブル──1990年代の流行語

　1986年から始まったバブル経済は1991年に崩壊する。「バブル」は「はじけ」、会社も人生も破たんした人が急増し、社会は安定を欠いた。「バブル」は社会的理由ではやった。そんな中で女子高校生だけは元気で、マスコミは競って彼女たちの仲間内のことばを取り上げた。そのひとつが「チョベリバ」。1996年、コギャルと呼ばれる女子高校生のことばで、「超ベリーバッド」の略、最悪の意で流行した。彼女たちは仲間内の会話ゆえに楽しくおしゃべりするが、仲間でない者、自分と合わない者には「むかつく」とことばを吐き出す。「むかつく」は1998年、自分の感覚と合わないものを排除しようとする瞬間的にわき上がる、きわめて感覚的な不快感を表す流行語である。言語的および言語感覚的理由ではやった。

　1995年の阪神淡路大震災以降、社会も個人も疲弊し、そこから解放されたいと「癒し」を求めている。「癒し」は1999年、肉体的・精神的に傷ついた人、疲れた人を癒すこと、また癒すものを指す。これは社会的理由ではやったことばである。

　若者ことばが「変なことば」のようにいわれ、敬語が使えないこと、カタカナ語の氾濫とともに「日本語の乱れ」の代表として槍玉に挙げられた。このような背景から1999年に大野晋『日本語練習帳』がベストセラーになり、2001年には齋藤孝『声に出して読みたい日本語』がベストセラーになり、日本語ブームになった。1970年代の日本語ブームのときのように社会が閉塞状態であることは

同じであるが、現在のブームはやたらと「美しさ」「正しさ」などといった言語学者ならあまりいわないことが目立つのが特徴である。

◉21世紀の流行語

　2000年になり、翌年から新しい世紀の21世紀に入るということで「ミレニアム」（千年期）がはやった。新しい期待を込めてのもので、社会的理由ではやった。

　現代社会の人間関係が微妙で、断定的な物言いを避け、ぼかして遠慮と同時に丁寧さを出す表現が好まれる。そのひとつが「(〜の) ほう」である。2001年、コンビニやファストフード店の店員が使う接客用語から広まった。また2002年、「ビミョー」は断定的な断りや否定を避けて、ぼかして相手を傷つけないように表した表現で、若者にはやった。言語的理由ではやった例である。

　お笑い芸人の発するギャグが流行したが、半年から1年で消えていった。「なんでだろう〜」(2003年)・「フォー」(2005年)・「そんなの関係ねぇ」(2007年)・「グー！」(2008年)・「ドドスコドドスコラブ注入」(2011年)・「ワイルドだろぉ」(2012年)・「だめよ、だめだめ」(2014年)・「安心してください、はいてますよ」(2015年) などがその例である。これは言語的理由・言語感覚的理由・心理的理由などが入り交じって流行した。2013年は近年まれにみる流行語の当たり年といわれた。テレビドラマから「じぇじぇじぇ」・「倍返し」がはやり、東京オリンピック誘致のスピーチから「おもてなし」がはやり、テレビCMから「今でしょ」がはやった。特にこれなどは会話の応用が利くのでよく使われた。言語的理由による流行である。

　2000年以降、携帯電話がかなり一般化してメールでのやりとりが増えた。また顔文字が若い女性によく使用されている。ことばではなく、顔文字で表すので言語力に心配する声を聞く。そしてここ数年はスマホのLINEでのやりとりが一般化した。

　「爆買い」(2015年) は近年の中国人の日本での大量購入をいい表したもので、社会的理由によってはやった。

俗語の宝庫 ②若者ことば

8.1　昭和の若者ことば──過去と現在を比較して

●若者ことばと時代

　若者ことばとは10代後半から30歳くらいまでの男女が仲間内で、娯楽・会話促進・連帯・イメージ伝達・隠蔽・緩衝・浄化などのために使う、くだけたことばである。若者ことばの一般的特徴は、第一に仲間内のことばであること、第二に娯楽や会話促進などのために使うことばであること、第三にことばの規範からの自由と遊びのことばであること。

　ことばの規範から自由になろうとすることを強めていくと、臨時的な勝手なことばが生まれ、ことばが浮遊化した曖昧なものとなる。また、もう一方でことばの規範から脱しようとするとことばが遊戯化し、仲間内でのみ楽しむという限られた集団のことばが次々と造られる。戦前の緊張した社会と違い、戦後の昭和は社会の平和、娯楽の下で、ことばも緊張したものではなく、娯楽の対象となった。そして21世紀に入った現在はその流れの頂点にあるといえる。

　ところで、ことばは社会のあり方によって様相を異にし、若者ことばも例外ではない。若者ことばを明治から現代までたどってみると、それは日本の近代化の産物といえる。外来語が日本語の語彙の中に入って定着していく過程はことばの西洋化であり、外来語の歴史の研究において近代化という視点をもつことが重要である。近代化とは具体的に、技術的経済的領域、政治的領域、社会的領域、文化的領域の四つの領域の伝統的形態から近代的形態への移行である。近代化の進展は中でも経済的発展と密接に関係している。経済の発展・成長は第一次産業から第二次・第三次産業へと移行、増大し、職業が多様化し、分化・専門化する。また、経済力は高等教育を支える力であり、高学歴化は外国語に対する抵抗をな

くし、より受容する力をつける。さらに経済力は消費・娯楽と結びつく。また、近代化は社会的領域で個人の解放と自由を進める。この解放・自由は思想・生活・習慣・職業・人間関係などばかりではなく、ことばの面にも求められた。特に従来の語形・意味・用法・使用者から自由でありたいという思いから生まれたのが若者ことばである。しかし、明治から現代に至るまで一様にそうであったわけではない。

若者ことばは青年期心理からいえば、いつの時代にも存在するが、社会的・歴史的背景からいえば、時代によって質が異なる。「昭和の若者ことば」は昭和のいつなのかによって全く様相を異にする。おおよそ「昭和の若者ことば」は大きく三つの時期に分けられる（細かくはさらに分類できるが）。すなわち戦前、戦後 1945 年～1970 年代前半（昭和 40 年代後半）、1970 年代中頃～1989 年（昭和 40 年代末～昭和末年）である。以下に社会の状況とからめて若者ことばの特徴を説明しておこう。その際、若者ことばは集団語の観点からいえば学生語と重なるので、学生語を取りあげることにする。

● **戦前の若者ことば**

戦前の若者ことばは旧制高等学校の学生語に代表されるエリート男子のことばと、女学校の生徒に代表される女子のことばがあった。

1） 男子学生語

旧制高等学校は 1894 年（明治 27）の高等学校令が公布されて第一～第四高等学校が開校されて始まった。そこは帝国大学への予備教育校であった。1916 年（大正 5）に新たに高等学校令が公布され、従来のナンバースクール以外に公立・私立の形態を認め、学校が増えた。以後 1948 年（昭和 23）に新制高等学校が発足し、1950 年（昭和 25）に旧制高等学校の最後の卒業式が行われて旧制は幕を閉じた。その後、旧制高等学校の学生語は戦後 10 年ほど新制大学に受け継がれたが、昭和 30 年代にはほとんど消滅した。

旧制高等学校の学生語の特徴の第一は、なんといってもドイツ語の使用である。これがもっともめだつ特徴であり、この時期特有のもので、現代若者ことばとは大きく異なる。これは外国語重視（偏重）のカリキュラムによる。「ゲル」（お金）・「エッセン」（食べる・食事）・「トリンケン」（酒を飲む）・「ラウヘン」（煙草を吸

う)・「ジンゲル」(芸者)・「メッチェン」(女の子)・「リーベ」(愛人)・「ゾル」(兵隊)・「ダンケ」(ありがとう)・「ガンツ」(完全に)・「ジッヘル」(確実に)・「ドッぺる」(落第する) などは日常語であった。

　第二の特徴は、高等学校が担っていた支配者的人間形成の教育目標から生まれた、誇りに満ちたドイツ語が特権のシンボルとして使用されたことである。日本語でいえることをことさらドイツ語などに言い換えていた。たとえば「アインス・ツバイ・ドライ」(1・2・3)、「ハイラーテン」(結婚する)、「ムッター」(母)など。これは将来、指導的立場につくような選ばれた者の気取った誇らしげな仲間内の階層語といえる。

　第三に、高等学校の学生の多くは寮生活をしていたことから集団の仲間意識が形成され、仲間内のことばが生まれたことである。これは連帯感を強める一方で、そこに属さない他者を排除する隠語であった。

　第四に、高等学校間の全国的な交流(対抗試合・各種大会)を通じて学生語が全国に広まったことである。たとえば第一高等学校のことば「オンチ」「だべる」「寮雨」「ろう勉」「デカンショ」などは全国の高等学校に広まった。

2) 女学生ことば

　1899年(明治32)に高等女学校令が公布され、各県に高等女学校が設置された。ここはかの有名な良妻賢母主義が目的の学校であった。1920年代になると女子の高等教育を広く求める声が大きくなり、1930年代から1940年代前半にかけて高等女学校は激増した。女子の社会進出と軍需要因の増大に伴う男子労働力の窮迫、女子労働力への期待が背景にあった。

　大正から昭和にかけての女学生ことばの第一の特徴は人に関すること(人の性格・容姿・恋愛など)を隠語にして言い換えて表すことばが非常に多くあったことである。『少女画報』1926年(大正15)4月号に「現代女学生隠し言葉辞典」が掲載されているほどである。これは日本各地の女学校で使われていることばを300語足らずを掲載したものである。ほとんど人をマイナス評価したことばで、現代若者ことばと共通している。また同誌は2年半後の1928年(昭和3)10月号に「現代東京女学校新流行語集」を掲載し、東京の女学校に流行していることば600語余りを解説している。前者に掲載された語の3分の1が後者にも掲載されている。逆にいえば、残りの3分の2は掲載されておらず、はやりすたりの

8.1 昭和の若者ことば——過去と現在を比較して

旧制高校生

ゲバる
(1960年代)

速さを知らされる。一方、共通して載せている語の一部を挙げると、「アーク燈」（禿頭の先生）・「あじさい」（冷淡な人）・「アナウンサー」（告げ口する人）・「甘しょく」（仲の良い2人・新婚夫婦）・「甘栗」（甘い人）・「インテリゲンチャ」（高慢な人）・「以心伝心」（自由結婚）・「一対」（夫婦・愛人どうし）・「ウーマン」（大人ぶった人）・「上出る」（上野音楽学校を出るから、音楽家）・「梅干し」（老人）・「衛生美人」（顔の醜い女性）・「おみかん」（家庭円満）・「お地蔵さん」（だまりや）など人に関することばが多い。

　女学生ことばの第二の特徴はぞんざいな、荒っぽいことばがめだつことである。この背景には下町の女学生が増えたこと、スポーツの流行がある。スポーツをやっているとき、丁寧なことばは使っていられない。そこで歯切れのいい、または強烈なことばが生まれる。

　先の「現代東京女学校新流行語集」から例を挙げると、「おす」（「おおすてき」の略）・「くだら」（「くだらない」の略）・「ざくばら」（「ざっくばらん」の略）・「すこてい」（「少し低能」の略）・「すこどん」（「少し鈍感」の略）・「たこにゅう」（「蛸入道」の略）・「だんち」（「段違い」の略）・「レット」（「トイレット」の略）などの略語がある。これらは現代と共通している。

　女学生ことばの第三の特徴は男子学生語を借用していることである。女学生が兄弟や兄弟の友だちから男子学生語を習い覚えて女学校に持ち込んで流行することが多い。「すごい」「とても」「すてき」「猛烈」「音痴」「シャン」「ゲル」などがある。言い換えれば、この時期まで男女共学ではなかったために、男女がそれぞれ別の若者ことばをもっていたということである。

●戦後から1970年代前半までの若者ことば

　戦後の1945年〜1950年代の最大の特徴は男女共学になって男女共通の学生語が増えたことである。また、男女同権が叫ばれた時代であって、女性が男性を見る目が厳しくなり、批判的に見、男性をマイナス評価で表したことばが多く生まれたことが戦前と大きく異なる。さらに、性の解放も叫ばれ、性に関することばが若者ことばに表れた。「Aライン」（キスまで許せる仲）・「Bライン」（ペッティングまでの仲）・「Cライン」（セックスする仲）・「Dライン」（妊娠）はファッション用語から転意した。

　戦後の混乱期はヤミ屋が横行し、多くの人が法を犯して生きていた時代で、アウトローの隠語が一般人、学生の中に入ってきたことも特徴である。「やばい」「はくい」はこの頃から一般学生が使うようになった。

　ところが、1960年代後半は学生運動の時代で、反乱・闘争・異議申し立ての時代であったことから、男子学生主導の荒々しいことばが横行した。学生運動用語から次のようなことばが生まれた。「連帯する」・「ゲバる」（「ゲバルト」からやっつける意）・「ゲバ子」（女子活動家）・「日和る」（日和見から穏健になること）・「代々木る」（勢力争いで反主流派が勝つことから転じて「日和る」と同義）など。1969年に大学臨時措置法が可決され、学生運動は終焉に向かった。この時代は学生の反抗の時代であり、ことばがまだ実質的な意味をもって語られた硬い時代であった。

●1970年代中頃から1989年までの若者ことば

　現代若者ことばは1970年代中頃からのものを指し、それ以前の昭和の若者ことばと一線を画す。先の1960年に大学進学率は約10％であったが、1970年には約20％、1975年には約36％に急増した。現在では50％を超える。なお、この現代若者ことばは平成にも続き、1990年代はこの期と同じとみなすことができる。

　現代若者ことばは次の三つの背景から生まれた。

　第一に「まじめ」が崩壊したことである。1970年代前半まで続いた高度経済成長期の日本社会は「まじめ」を価値基準としていた。しかし、1973年のオイルショックによって経済成長は終わり、産業構造も転換してサービス産業がきわめて盛んになり出した。1970年代後半から物質的に豊かになったことで目標を

喪失し、「まじめ」が崩壊し、一転して豊かさを享受する消費・娯楽社会へと変化した。このような中で、若者は消費・娯楽の手段としてことばを遊ぶようになり、以前にまして会話を楽しむために、より多くの若者ことばを大量に生み出すようになった。

　第二にボーダーレス社会となり、価値観が多様化したことである。価値観が多様化したとは聞こえがいいが、実際は価値観が個人化したまでで、自分さえよければ「なんでもあり」という自己中心主義（利己主義）まる出しの社会になった。そこには個人の「楽」が価値基準としてある。私は「ひとりよがりの自己愛」と呼んでいる価値観である。そこで「かわいい」「うざい」「きしょい」「むかつく」などの若者ことばが出てきた。気に入れば「かわいい」、気に入らなければ「うざい」「きしょい」「むかつく」となる。

　第三に「楽社会」の出現である。私は「ラク」と「たのしい」を物事の判断の基準とした現代社会を「楽社会」と呼んでいる。このような社会の中で現代若者ことばが生まれた。言い換えれば、「ラク」と「たのしく」話すことばとして現代若者ことばが存在する。その例を挙げたのが拙著『若者ことば辞典』（東京堂出版、1997年）である。若者ことばはいつの時代にも存在するが、社会が異なれば若者ことばも異なる。したがって、現代若者ことばはこの現代社会の特徴から生まれたといえる。特に現代若者ことばは「ラク」と「たのしい」が根底にあることが特徴である。

　では、現代若者ことばの特徴は何だろうか。第一にそれまでの男子が中心であった若者ことばが完全に女子が中心になったことである。前期の学生運動の挫折により、男子学生の「しらけ」はひどく、ことばの不信に陥った。若者ことばにおける男子の活躍は1960年代で終わり、1970年代以降、女子が活躍するようになる。そして1980年代には消費のターゲットにされた若い女子がさらにもてはやされ、女子大生・女子高校生・OL・ギャルなどのことばがマスコミをにぎわすこととなり、若者ことばといえば女子のことばを意味するほどになった。中でも男子を批判的に見た語が多く、「ださい」はその象徴的な語である。

　第二の特徴はことばが遊びの対象となり、物のように使い捨てるようにして次々に新語を生み出していったことである。彼女たちは明るくおしゃべりで、おしゃれであり、その時その時のノリをもっとも重要と考え、会話がはずむ新造語

を生産し続けた。その数は相当なものである。それは新語が多いと同時に消えていく語も多いということである。この背景には消費娯楽社会が成立し、生活が仕事から遊びにシフトしていったことがある。

　第三の特徴はこれと関係して会話のノリを楽しむことばとして若者ことばが娯楽の手段になったことである。若者ことばがコミュニケーションの伝達や連帯やその他の機能以上に娯楽の機能を果たしていた。遊びのことばであるから当然のことである。ノリは楽な発音を求めて語形の省略が進み、アクセントは平板化していった。

8.2　21世紀の若者ことば

　以上は20年あまり前に述べたことで、その対象がほとんど昭和時代の若者ことばであったが、今、これが究極的な形になって現れている。すなわち電子媒体であるパソコンやスマートフォンや携帯電話、タブレットなどを利用して使われる若者の表現（語や言い回しや文字表記）である。それはこれらの便利な情報通信機器がなければ、または使わなければ生まれてこなかった「ラク」表現であり、しかも今までは話しことばであった若者ことばが、それ以外に画面に表示される新たな文字ことばからも生まれるようになった。ここまで略したり、頭文字を使用したりして「ラク」しようとするのか、また楽しく遊ぼうとするのかと驚くほどの変化が見られる。これが近年の著しい特徴である。そこで次に具体例をできるだけ多く挙げて解説し、この今の状況を知ってもらえればと思う。

●情報通信機器の使用から生まれた特徴

　若者が電子媒体を利用する率はきわめて高く、日常的に四六時中、頻繁に利用している。いろいろな大学で授業中でも注意しないといけないほど学生たちが使用していると聞く。近年、「Twitter」「mixi」「Facebook」「LINE」（以下「」を略す）などといった今まで存在しなかったSNSなどのソーシャルメディアツールが発達したため、若者はこれらに飛びつき、使用して、口頭語ではなく、文字盤を「打つことば」、半書きことば化した新語を生み出した。そしてこれを口頭でも使う。これは大きな若者ことばの今の特徴である。

1） 頭文字化

まず、中でも顕著な特徴にアルファベットを使った頭字語がある。これは「打つことば」であり、読み方は別にある。頭文字は打つ手間が省けて「ラク」である。

Wまたはw…「笑」をローマ字表記すると頭文字がwとなることから「笑」と同じ。wwwと数が多ければ爆笑である。（例）「この画像見てみて」「何これwwww」

gdgd…「グダグダ」と読み、ぐだぐだする意。しまりのないさま。

gkbr…「ガクブル」と読み、ガクガクブルブルの意。

ksnm…「くそねみ」と読み、非常に眠い意。

ktkr…「来たこれ」と読み、捜していたものや待っていたものが見つかったり来たりしたときにいう。

kwsk…「くわしく」と読み、もっと詳しく説明してほしいの意。

orz…「オルツ」と読み、ガックリしているさま。または、ごめんの意。oは頭、rは腕と胴、zは足でガックリした姿態を表している。（例）遅刻やぞー。はよ来い」「あとちょっとで着くorz」

wktk…「ワクテカ」と読み、非常に期待しているさま。

なお、表記と読みが同じ語に次のものがある。

ks…「ケーエス」と読み、既読をスルーするの意。LINEのメッセージを読んだのに返事をしないこと。

KY…「ケーワイ」と読み、数年前に空気が読めないという意味ではやったが、今では恋の予感その他の意で女子高校生が使っている。

stk…ストーカー。（例）「怪しい男がついてくるんやけど」「stkかよ」

「(笑)」「w」がもとになって派生したことばもある。

草不可避…wwwが草が生えているように見えるところから「草」といい、それが避けられない、つまり、思わず笑ってしまうほどおもしろいこと。（例）「この画像見てwwww」「草不可避」

芝刈り…LINEで笑い（w）にツッコミを入れること。（例）「wwwおもしろすぎwwww」「はーい、ちょっと芝刈りまーす」

ばくわら…「爆笑」の読み替え。

これらは表記されたことばだからこそ意味が伝わる。

2) 「ギャル語」から

次に、メディアツールの発達により、これらの媒体を介して「ギャル語」などの一部の若者ことばが短期間に一気に広がり、一般人の目にも触れるまでになったことも近年の大きな特徴である。インターネット上には「ギャル流行語大賞」が存在し、1年間に「ギャル」の間で流行したことばを発表されている。その結果はネットニュースなどにも取り上げられているほど注目を集めている。文字として残り、広まるようになったといえる。また、「YouTube」や「ニコニコ動画」といった動画サイトには子ども向けアニメ昔話をすべて「ギャル語」にかえてアフレコでアップロードされたものが話題になったことがあった。以下にいくつかの例を挙げておこう。

アリエッティ…ありえない。(例) そんなのアリエッティ！

おこ…怒っている。これより程度が強いのが「激おこ」、さらに上が「激おこプンプン丸」。

オシャンティー…おしゃれな人。

神ってる…神がかっている。

ただいマンモス…ただいま。(例) ただいマンモス。何か食べる物ない？

とりま…とりあえず、まあ。(例)「とりま、行ってみる？」「了」

やさお…優しい男。

3) オタク用語から

さらにオタク用語が若者ことばに入り、一般化したことも近年の特徴である。少し前まではこれらの用語は蔑まれる傾向にあったが、21世紀に入り、SNSの発達とともに一般人の目に触れる機会が増え、オタク以外の若者にも使用されるようになった。特に最近では女性のオタクが増えたことで、その名称が若者ことばに入ってきた。たとえば次のような例がある。

鉄女・鉄子…女性の鉄道オタク。

ママ鉄…母親の鉄道オタク。

歴女(れきじょ)…歴史好きな女性。

マミる…アニメ『魔法少女まどか☆マギカ』の登場人物巴マミのように悲惨な死にかたをする。

マヤる…漫画『ガラスの仮面』の主人公北島マヤのように豹変する。

聖地巡礼…漫画やアニメに登場する舞台・建物に足を運ぶこと。
オシメン…アイドルなどのグループの中でいち押しのメンバー。
DD…誰でも大好きの頭文字化で、アイドルなどのメンバーを複数推す人、グループ単位で推す人。

4) ネット用語から（Twitter や LINE 用語）

ネット用語は SNS のサイトごとに用語ができている。Twitter などから多くのことばが生まれ、若者ことばになっている。

リプ…「リプライ」の略で、返事、返信。(例)「○○ちゃん、リプはやくー」
カメレス…レスポンスが亀のように遅いこと。
コメ返…コメントの返事。
ファボ…英語の favorite から、ツイートをお気に入り登録すること。動詞は「ファボる」。「ふぁぼ」「ふぁぼる」とひらがな表記もする。(例)「100 ファボ越え！！ありがとう」(例)「○○ちゃんのツイート、ふぁぼるわ」
本垢(ほんあか)…主体となるアカウント。
サブ垢…複数あるアカウントのなかで「本垢」以外のアカウント。
リア垢…リアルで使うアカウント。プライベート用のアカウント。(例)「Twitter のアカウント教えて」「リア垢でいい？」
浮上…Twitter にログインすること。
離脱…Twitter からログアウトすること。
おつあり…「お疲れ」のメールなどの返事に「お疲れ」と打つと「おつあり」と返ってくる。これは「お疲れの返事ありがとう」の略である。同様に「おはあり」は「おはよう、ありがとう」の略。「おやあり」は「おやすみ、ありがとう」の略。「てらあり」は「行ってらっしゃい、ありがとう」の略。
いってら…「行ってらっしゃい」の略。(例)「フロリダ」「いってらー」
フロリダ…風呂に入るために LINE や Twitter などの途中で離脱すること。
ほかる…お風呂に入る。ほかほかになるから。(例)「どこ行ってた？」「ほかってた」などという。
ふろてら…LINE や Twitter などの途中で抜けて風呂に行くことを告げると「ふろてら」と返ってくる。「お風呂に行ってらっしゃい」の略。
ほかいま・ほかえり…お風呂から帰ってきたことを「ほかいま」と告げると、

「ほかえり」と返ってくる。

　ツイ禁…Twitter を自主的に禁止すること。

　呼びタメ…呼び捨て。ため口。かまわないこと。

　ツイッタラー…四六時中 Twitter を利用するヘビーユーザー。「ツイ廃」とも。
(例)「Twitter 開いてないと落ち着かないから、わたし本当ツイ廃」

　バカッター…馬鹿な Twitter。自分の犯罪行為や迷惑行為などの写真を Twitter 上に自慢げに公開する人。

　トプ画…LINE のトップ画像。

　飯(めし)テロ…お腹がすいている深夜においしそうなご飯の画像を送ったり送られたりすること。(例)「はい、ごはんだよ♡(食べ物の写真)」「うわっ、飯テロやめろ」

　オワタ…終わった。または失敗などしてもうだめ。(例)「仕事オワタ」

　ワロタ…すごくおもしろい。(例)「今週の○○見た？」「うん、まじワロタw」

　既読スルー…LINE のメッセージを読んだにもかかわらず返信がないこと。「既読ぶっち」ともいう。

　置き去り…LINE のグループトークで一人だけ残して全員退会すること。

　LINE はずし…LINE のグループトーク内から強制的に退会させること。また、特定の人の悪口チャットを始めること。

　これらはやりとりの挨拶表現で、極端に略して「ラク」にし、また略して生まれたおもしろさを楽しんでいる語である。これらは以前にはなかった新しい表現である。

　インターネットの世界、オンラインゲームの世界など仮想の世界にはまってしまう「インターネット依存症」(ネット依存症)の人がいる。これに関連するものに次のような語がある。

　リア充…リアル(現実の生活)が充実している人。「リアル」といっているところに現代の特徴がある。ちなみに中国の若者ことばでは「現充」という。

　リア友(とも)…インターネット上の友だち(「ネフレ」という)ではなく「リアル」な友だち。

　ニコ厨(ちゅう)…ニコニコ動画にはまっている人。「ニコ中」にかけたもの。「厨」は精神的に幼く何かにはまっている集団のこと。これは「中坊」(中学生のこと)と「厨房」をかけたもの。

8.2 21世紀の若者ことば

●造語法から見た特徴
  1） 単語の省略
　若者ことばに一番多いのが省略してできた略語である。短くして、口頭ならテンポ良く話せ、情報通信機器の使用なら省略したほうが打つのがラクであるため、多用される。特に2拍にすることが多い。以下に挙げた「り」「び」のように1拍という極端な略もある。

　ぼっち…「ひとりぼっち」の上略。クリスマスがひとりぼっちなら「クリぼっち」。

　ランド…「ディズニーランド」の上略。

　フォロバ…「フォローバック」の下略。Twitterでフォローしてくれた人に返すこと。(例)「フォロバありがとう！」「いえいえ、よろしく」

　ウィキ…「ウィキペディア」の下略。

　なつい…「なつかしい」の中略。形容詞はしばしば中略される。(例)「見て見て！旅行の時の写真」「うわっ、なっつー！」

　ぱない・ぱねえ…はんぱない。(例)「今日の寒さ、まじぱねえ」

　こん…こんにちは。こんばんは。LINEなどで使用。(例)「こん〜！」「こん！」

　ばんわ…こんばんは。LINEなどで使用。(例)「ばんわー！！」「ばんわー！」

　おか…お帰り。(例)「今、帰った」「おか」

　おけ…OK。(例)「明日、あけといてね」「おけ」

　おこ…「怒っている」の下略。

　おつ…「おつかれ」の下略。(例)「バイト終わった」「おつ」

　りょ…「了解」の下略。さらに「り」だけのときもある。(例)「もうすぐ着く」「りょ」(例)「今日、難波集合やで」「り」

　び…微妙。

  2） 短縮語
　以上の語の省略の仕方は過去も現在も多くあるが、近年、複合語の2箇所を略したものや、句・文の2箇所以上を略した短縮語が増えている。

　あけおめ…あけましておめでとう。(例)「あけおめ！　ことよろ！」

　ことよろ…ことしもよろしく。(例)「年明けたね。あけおめ！」「あけおめ！ことよろ」

おたおめ…お誕生日おめでとう。(例)「おたおめ！ 20歳だね」
いつメン…いつものメンバー。お弁当を一緒に食べるメンバーを「おべメン」、初めてのメンバーを「はつメン」、昼ご飯のメンバーを「ひるメン」という。全員は「オールメン」。(例)「オールメンで帰ろう」
小並感…小学生並の感想。
はげどう…激しく同意する。「はげど」とも。
テンあげ…テンションをあげる、またはあがっている。(例)「楽しい！！！」「テンあげ」
そっとじ…そっと閉じる。(例)「あのホームページ見てみて」「これは…そっとじですわ」
そろぼち…そろそろぼちぼち。(例)「あーお腹いっぱい」「そろぼち行こうか」
オールボー…オール（ナイト）でボウリングをすること。
めんやり…めんどうくさくてやりきれない。(例)「超、メンヤリ！」
あーね…あー、なるほどね。(例)「この問題さー、こうやって解く」「あーね。ありがと」
じわる…(笑いなどが) じわじわ来る。

3) 当て字

当て字は明らかに読むことを前提にしているので、新たな特徴である。

垢…「アカウント」の「アカ」を「垢」に当てた。「本垢」「サブ垢」「リア垢」(前出)

乙…「おつかれさま」の下略の「おつ」に当て字をしたもの。(例)「テスト終わった」「乙」

池…「イケメン」を略して「イケ」、これに「池」と当て字した。「池様」とも。この反対が「沼」。

逝け面…いけてない顔。格好良くない顔。もう終わってることを表した当て字。

米する…コメントする。

藁…笑。

禿同…はげどう（前出）。

厨房…中学生。「中坊」だから。「ニコ厨」(前出)

4） 漢字の分解

　漢字を分解して二つの文字の組み合わせで表現することがある。これも読むことが先にあって生まれたもの。ただし、この種の遊びは昔からある。たとえば、「くノ一」は「女」、「ロハ」は「ただ（只）」、「ヒコページ」は「顔」、「マメページ」は「頭」、「トロゲン」は「吉原」、「メカイチチョンチョンジュウ」は「助平」。

　タヒ…死。
　ネ申…神。レベルが神の領域。

8.3　寿　　命

　21世紀になってから発売された『現代用語の基礎知識』（自由国民社）の「若者用語」から2002年版（2001年末発売）〜2015年版（2014年末発売）の若者ことばを収集し、掲載年数を出した卒業論文（梅花女子大学4年生　矢口尚美「21世紀の若者言葉の寿命について」2016年1月提出）によると、14年間すべてに掲載されていた語のほとんどはそれ以前から掲載されていた語で、一般化し、定着したことばといえる。以下がその例である。

　（例）秋葉系・熱い・あぶない・イケメン・イタ電・いっちゃってる・一発やる・うざい・うざったい・SF・エッチする・オールする・お茶する・オフ会・かむ・きもい・逆ギレ・逆ナン・ギャル男・キレる・食い逃げ・グロカワ・コピる・自己中・仕事モード・就活・〜状態・チキン・茶しばく・つうか・〜つうかぁ・〜とかぁ・なにげに・〜なんだけど・ねぎだく・（〜の）ほう・爆睡する・ぱくる・バック（ス）・ファミレ（ス）・へこむ・まじぎれ・〜みたいなぁ・むかつく・やば・やり逃げ・ロイホ

　一方、掲載年数が3年以下の語は全体の半数を超え、5年以下になると70%近くを占めるという。10年以上掲載されている語は全体の20%にも満たないことがわかった。掲載年数の少ない語には上に挙げたようなオタク用語やネット用語などが含まれている。たとえば「リア充」は5年間、「あけおめ」「ことよろ」「マミる」は4年間、「はげど」は3年間、「本垢」は2年間、「置き去り」「草不可避」「聖地巡礼」「ツイ禁」は1年の掲載であった。

8.4 変わったこと、変わらないこと

●変わったこと

　以上から、若者ことばは大きな変化の流れがあることがわかる。まとめると次の5点である。
　①男子のことばから女子のことばへ
　②選ばれた者のことばから大衆の者のことばへ
　③実質的な意味あることばから空虚なことばへ
　④気の利いた造語法から幼稚な造語法へ
　⑤口頭のみのことばから口頭＋メール、LINE などのことばへ
　①、②は使用者についての変化であり、③は意味内容の変化であり、④は造語法の変化であり、⑤は媒体の変化である。この傾向はこれからも続くであろう。

●変わらないこと

　しかし、変わらないこともある。
　①男子はことばに縛られていること。男子は女子に比べ、ことばから自由になっておらず、男子はずっとことばの規範に縛られている。1970年代以降はことばへの不信から無関心になった。一方、女子は明治の初めから時代の束縛の中でも反抗し、自由を求めて進み、現在に至っている。それは男子に比べ、ことばにおいてはるかに元気があふれている。会話を楽しむことが女子の方がたけていることはずっと変わらない。
　②人の容姿・性格・能力などをマイナス評価することばが非常に多いこと。ただし、昔はたとえで、またひとひねりしたことばで表現したが、近年は直接的で、何のひねりもない。たとえば戦前の女学生ことばに「吸い取り紙」(何でも真に受ける人)、「ナイフ」(ワイフがない、独身男)、「耳隠し」(親不孝) などがあった。
　③省略語が一番多いこと、「る」ことば (動詞化する接尾辞「る」をつけた語) が造語力が強いこと。造語法からいえば、省略というのはもっとも簡単な造語法であり、略して短くすることは会話のテンポの上で欠くことができない要素である。話すエネルギー節約の語ともいえる。また、「る」ことばも同様で、どんな語にも簡単につく手軽な造語法である。文化庁による平成25年度の「国語に関する世論調査」では「る」ことばの使用を調査している。その結果によれば、「サ

ボル」(86.4％)、「事故る」(52.6％)、「パニクる」(49.4％)、「愚痴る」(48.3％)、「告る」(22.3％)、「きょどる」(15.6％)、「タクる」(5.9％)、「ディスる」(5.5％) と、一般化した語（前4語）と若者に多い語（後4語）との間に使用度に差があった。以前は若者ことばであった前者「サボル」「事故る」「パニクる」「愚痴る」が一般化していることがわかる。これからも「る」ことばは造語されていくであろう。ちなみに先にあげた『少女画報』1926年（大正15）4月号と1928年（昭和3）10月号には「コスメる」（おしゃれする）「サボる」「ジャンボる」（庭で遊ぶ）「デコる」「ドッペる」「世辞る」「与太る」が掲載されている。

　最後に、「昭和の若者ことば」といってもひとくくりにできない特徴があり、それぞれの時期の社会背景と密接につながっている。現代若者ことばが成立した1970年代から現在に至るまでについていえば、ことばがますます曖昧になり浮遊化し、娯楽の手段となったことはそれ以前と比して大きな違いである。

　以上、若者ことばの今を見たが、それは「ラク」なこと、「たのしい」ことに流れがちな現代社会を実に反映しているといえる。ことばを使い分けるのを煩わしいと考え、自分の思いをことばで丁寧に説明するのも煩わしいと考える傾向が顕著である。また、情報通信機器から出たことばが多く登場した。これもまた今の時代を反映している。今後さらにこの傾向は強まりそうである。

9

俗語の宝庫　③業界用語

　集団語の中で職業的集団の語は業界用語と呼ばれている。俗語の一種である業界用語は集団の性質・目的・機能により、語の志向が異なっているため、集団ごとに語種・造語法・意味カテゴリーなどが異なる。したがって、それぞれの業界用語は特徴あるものとなっている。本章では7集団の業界用語を取り上げる。なお業界用語の具体的な例は拙著『集団語辞典』『業界用語辞典』(いずれも東京堂出版) を参照していただきたい。

9.1　医師・看護師の用語

　まず病院業界の中から医師と看護師の独特の用語を取り上げる。

　江戸時代、蘭学者たちはオランダ医学を長崎で学んだが、幕末に米英が開国を迫り、日本に公使館を置き、本国の医師を連れてきた。維新戦乱期に負傷した兵士を治療したのがイギリス人医師ウィリスであった。そのため、数年間、医学はイギリスに学ぶという風潮であった。しかし、これに反対する者たちがいた。その代表がドイツ医学の信奉者、相良知安である。彼は政府の顧問的存在のフルベッキにドイツ医学が世界で一番進んでいるという証言書を書いてもらい、政府にドイツ医学を採用するように建白書を提出した。そしてこれが採用された。それ以降、戦前までドイツ医学に日本は学んだため、ドイツ語が医療関係者の間でかなり幅を利かせ、多くのドイツ語由来の俗語が使われていた。また戦前は旧制高等学校の外国語教育はドイツ語がきわめて盛んであったこともこれを後押ししている。

　作家の北杜夫は旧制松本高校（理乙）を卒業して東北大学医学部に進んだ医学博士である。1948年に大学に入学した彼は『どくとるマンボウ青春記　改版』(中

公文庫、1990年）にその当時のことを次のように記している。

さて、私が大学の始業式より一カ月近くも遅れて仙台にやってきてみると、大学では（略）すでに講義はたいそうな進みようで、彼らの幾冊ものノートにはもう半分がた文字がぎっしりと埋っていた。おまけにノートの表紙には、解剖学とか生理学とか病理学とかいう言葉が、ドイツ語やらラテン語で記してあるわけだが、その意味すらもわからない。ページを繰ってみると、講義にはむやみとドイツ語がまじっており、それがしばしば専門用語のため、読んでも半ばチンプンカンプンという始末である。本当をいえば、医者の使うドイツ語の単語は限られていて、二、三時間講義を聞けば慣れてしまうものだが、それでもはじめは更年期（クリマクテリウム）などと聞くと何事かと思うし、プレパリーレンはふつう「準備する」の意だが、医学界ではプレパラートを作ることだ。医者はカルテにさらさらとドイツ語を書いてみせるが、これは既成句を並べるだけのことで、べつだんドイツ語ができるというわけではない。用語にも古風な癖があり、「ときどき頭痛がする」と患者がいえば、Kopfwehzuweilen などと記す。つい「ときどき」はツヴァイレンと頭に浮び、ドイツ人との一般会話に使用するとなかなか通ぜず、ようやっとわかってくれても、「ずいぶんいかめしい言葉を使われますな」と相手はあきれた顔をする。かつて、明治からの日本医学はほとんど大部分ドイツに学んだ。もともと教授からしてドイツ語教育で育ったため、私たちの時代は、病名、術語に英語を併記してくれる先生はごく少なかった。(186-187 頁)

しかし、戦後はアメリカ医学が世界のトップを走っているため、英語がとってかわった。ドイツ語から英語に、またドイツ医学からアメリカ医学へと移行した。医師の用語は都市部の病院ほど英語化が進み、ドイツ語隠語を使わなくなってきている。逆に地方の古い病院ほど医師や看護師の間では根強くドイツ語隠語が残っている。

このように移行しているため、用語に新旧がある。たとえば最近は「ドゥルック」（ドイツ語で血圧）といわずに「血圧」という。米山公啓（よねやまきみひろ）『医者語・ナース語』（徳間文庫、1993年）の「BP」の説明に

血圧。デゥルック（ドイツ語 Blutdruck）ともいっていたが、普通『血圧』と日本語でいうようになっている。テレビドラマでデゥルックなどとあまり使わない専門用語が出てくると、脚本を書いている作家の年齢がわかるとい

うものである。

とある。その他、「エルブレ」(ドイツ語 Erbrechen の略で嘔吐) から「嘔吐」に変わってきている。同書に

> 「エルブレ」などというとかえって古い医者やナースと思われる。ドイツ語の医学用語はまだ結構残っているが、使用頻度はかなり減っている。

とある。

さらにまた、ドイツ語から英語に変わるものもある。「異常なし」のことを「OB」(ドイツ語読みでオーベー) と健康診断の所見に書いていたが、最近は「n.p.」(英語読みでエヌピー) と書くことが多い。

語種で一番多いのは外来語で、また外来語を含んだものが多い。これはこの業界の特徴で、医師が昔はドイツ語を、現代は英語を使っているためである。また彼らと職場をともにする看護師もそれを使うからである。それは原語のかたちのままのものもあれば、省略したもの、動詞にする活用語尾「る」をつけた「る」ことば、アルファベットの頭文字化したものなどもある。語形から見ても意味から見てもいずれも俗語である。次に例を挙げておこう。

　　ウエット…英語 wet から、おもらし。
　　エクストラ…英語 extra　systole の略で不整脈。
　　エッセン…ドイツ語 Essen から食事。
　　エントラッセン…ドイツ語 entlassen から退院。
　　オーベン…ドイツ語 oben から研修医を指導する先輩格の医師。
　　アッペ…英語 appendicitis の略で盲腸。
　　ウロ…ドイツ語 Urologie の略で泌尿器科。
　　オペ…英語 operation の略で手術。
　　アボる…ドイツ語 Abort から流産する。
　　アポる…ドイツ語 Apoplexie または英語 apoplexy から脳卒中で死ぬ。
　　ステる…ドイツ語 sterben から死ぬ。
　　ゼクる…ドイツ語 Sektion から死体を解剖する。
　　C…英語 carcinoma の頭文字で癌。
　　CA…同上。

これらの語は、医師は患者より「偉い」という一種誇りに満ちた、旧制高等学校の学生語に近いもので、日本語でいえるのを、わざわざドイツ語や英語でいっ

ている。またそれは患者にはわからないので隠語にもなり、彼らの間の会話には都合がいい。「死ぬ」を「ステル」というのがそのいい例である。714編『看護婦の打ち明け話』（コスモ出版、1995年）に

　病院には死がつきもの。死ぬことをドイツ語で「ステルベン」というので、業界では「夕べ、担当していた××さんがステった」という言い方をします。

とある。「死ぬ」はあまりにも縁起が悪いので、こういっている。

　医学・治療などの専門用語の長い漢語が3拍または4拍に短縮されることも多い。仕事の効率をはかってのことである。本来の専門用語に対して略していうので、これも俗語である。

　　局注…「局部注射」の短縮
　　生食…「生理食塩水」の短縮
　　入約…「入院予約」の短縮
　　尿測…「尿量測定」の短縮
　　放治…「放射線治療」の短縮
　　剖検…「解剖検査」の短縮
　　腰麻…「腰部麻酔」の短縮

この業界は医師や看護師だけで通じる語を使い、患者はそっちのけにされているように感じる。このためこれらの業界用語は彼らの結束を強める効果もある。

　看護師だけが使う語ではないが、看護師がよく使う語について、医師であり推理作家でもある志賀 貢が『密室感染』（光文社、1994年）に書いている。

　クランケは、ナースがよく使うドイツ語のひとつで、患者のことを指す。その他、エッセン（食事）、エントラッセン（退院）、ステト（聴診器）、ブルート（血液）などは、よくナースの口を衝いて出るドイツ語だ。

　看護師はこれらの業界用語を正しく理解しているのであろうか。これについて調査した論文によると、理解できなかった用語に遭遇した経験のある者は8割を超えた。そこで病院では医療事故を防ぐために、また円滑なコミュニケーションのために職場の用語集を作成して用語の標準化を目指しているという。また別の論文では医療業界用語は正確な情報伝達コミュニケーションを阻害するものであるとし、看護記録は情報開示の点でも用語使用に十分意識する必要があるという。さらに別の論文によると、高頻度のカタカナ表記語（ドイツ語や英語などの借用

語とその略語）100 語の原義を尋ねた結果、正しい知識のないまま使用されている例が少なからずあったという。したがって看護師に教育・指導が重要な課題であるといえる。

9.2 フライトアテンダントの用語

　旅客機の客室乗務員の用語を取り上げる。以前、「スチュワーデス」（俗に「スッチー」）と呼ばれていたが、今は「客室乗務員」「フライトアテンダント」「キャビンアテンダント」「CA」などと呼ぶ。これらは航空会社によって呼び名が異なるからである。

　語種から見ると英語からの借用語がきわめて多いが、省略された語形で原義とは違った意味で使われることが多いのが特徴である。さらに外来語を含む混種語が多いのも特徴である。

　　アナカン…英語 uncompanied minor の略で、保護者が同伴せず子ども一人だけの客。
　　オンスケ…英語 on schedule の略で、定刻通り運航していること。時間厳守。
　　コーパイ…英語 copilot の略で、副操縦士。
　　コックピー…英語 cockpit crew の略で、コックピットにいる運航乗員。
　　スペミル…英語 special meal の略で、宗教上・健康上の理由で用意された特別機内食。
　　ノーサンキュー…英語 No thank you で、食事や飲み物を希望しない客。
　　ホリ…英語 holiday の略で、休日・休暇。
　　ランナー…英語 runner で、搭乗締め切りぎりぎりに駆け込んで来る客。
　　エマ訓…「エマジェンシー訓練」の略で、緊急脱出訓練。
　　パイ訓…「パイロット訓練生」の略。
　　おそパタ…フライトの勤務時間が遅いパターン。
　　はやパタ…フライトの勤務時間が早いパターン。

　アルファベットの頭字語が多いのも特徴である。これは英語を使い、かつ業務の効率を図るところから来ている。転義したおもしろい例を挙げておこう。

　　ABC…アメリカン・ブラック・コーヒーの頭文字。
　　ACDC…AC は交流、DC は直流、両者を合わせて両方できるということからホモ。

UC…英語 unable to confirm の頭文字で、キャンセル待ちがいっぱいの意から転じて、高飛車な女。

UL…英語 unable to confirm but waiting list ok の頭文字で、キャンセル待ちに入れられる状態から転じて、もてそうな女でも落とせそうなこと。

　フライトアテンダントの業界用語はこの業界関係者・客・運航・業務などに関する語が多い。そして客や地上勤務や乗務員の悪口がかなりあることが特徴である。

　ここでクイズ形式で出してみよう。左の語の意味を右の a～d から選べ。

　　カラスフライト　　　a　地上勤務に配置換えされた客室乗務員
　　島流し　　　　　　　b　クレームの多い客
　　UUU　　　　　　　　c　年寄りばかりの客
　　G アンド B　　　　　d　修学旅行客が乗っているフライト

「カラスフライト」は d、黒い制服の集団が乗っているから。「島流し」は a、「UUU」は b、うるさいうるさいうるさいの頭文字から。「G アンド B」は c。じいさんばあさんの G と B から。

このほかに次のような語がある。

　　カーゴ…英語 cargo 荷台から、エコノミーの客。
　　G 勤…英語 ground の頭文字 G と「勤務」の略から、地上勤務。
　　CH…英語 child から、子どもの客。
　　ジャーク…英語 jerk 馬鹿者で、酔っ払い、態度の悪い客。
　　チョウチョウ同期…同期に入社した者の中で特別派手なクラスメート。
　　デイリー君…客室乗務員のフライトスケジュールを管理する男性地上職員。
　　一人満席…いつもせかせかと焦っている客室乗務員。
　　ミスターガーベイジ…英語 garbage ゴミから、何でもがばがば食べてしまう客。
　　モギラー…搭乗口でチケットをもぎる職員。
　　リマ…英語 remarks の略で、要注意人物、口のうるさい客。
　　父ジャル…父親と同じ JAL に入社した子弟。
　　母ジャル…母親と同じ JAL に入社した子弟。
　その他、転義で使う俗語に次のような語がある。

ゴーアラウンド…英語 go around で、着陸寸前に何らかの障害があって着陸を中止し、再び上昇することから転じて、男と喧嘩別れして帰ること。
サイレントサービス…機内を静かに保つサービスから転じて、無視すること。
ドメスティック…英語 domestic 国内から転じて、アメリカンコーヒー。国内→濃くない→アメリカンコーヒーというだじゃれ。

フライトアテンダントの接客心得には笑顔やことば遣いに注意することなど客に不快感を与えてはならないというものがある。このような表向きのことには気を使うが、内輪のことになるとこのような悪口のことばが多く見られる。これは職場内のストレスを発散させる浄化作用（カタルシス）として機能している。また、これらを共有することによって連帯感が生まれる。しかし、全体的に人を見下したような感があり、彼らの職の優越感と関係がありそうである。

9.3 百貨店の用語

百貨店はスーパーやコンビニまたディスカウントショップなどとは違い、高級品を売ると同時に客に満足感も与えようとする小売り接客業なので、客に不快な感じを与えないようにことば遣いや身なりに気を使っている。こうした事情を反映して百貨店には店員間の隠語が多い。その多くは江戸時代の呉服店以来の語である。

古くは大辻司郎（おおつじしろう）「漫談　百貨店隠語調べ」『婦人画報』（第276号、1928年8月）に

> 私が只今から此に書いて見たいと思ひますのは、都下一流鉄筋カベクリートの六大デパートメントに働いてゐる約一万人の男女の店員と、其の取引き先きの人達が、使つております店の符牒であります。

と書いている。

次に具体的に例を挙げてみよう。古い語が多い。

店員間の会話で食事・休憩に行くことを客に聞かれてはよくないので隠語に言い換えている。ただし、百貨店によって使用することばが違う。

喜左衛門（きざえもん）…三越の用語。食事。
ぎょく…大丸の用語。食事。
まる…そごうの用語。食事。
キザ…松坂屋の用語。食事。

9.3 百貨店の用語

　有久(ありきゅう)…高島屋・京王・京成の用語。「有」は八の符牒、「久」は繰り返しを表す符牒で八八→八十八→米→食事。

「喜左衛門」の語源については諸説ある。三越呉服店時代、昼食時など仕出し屋「喜左衛門」から幕の内弁当をとって客を接待したという説、喜左衛門という賄いの人名からという説があるが、まちがいであろう。正しくは江戸時代の駕籠屋の隠語で空腹の意が寄席社会に入り、さらにそこから呉服店に入ったものであろう。

「キザ」はこの「喜左衛門」の略から空腹の意から転じて食事になったと考えられる。

次に店員がトイレに行くことを客に聞かれてはよくないので隠語に言い換えている。これも百貨店によって異なる。食事同様、古いことばが使われている。

　遠方…三越の用語。店員のトイレが遠方にあったためか。

　さんさん…大丸・そごうの用語。

　新閣…松坂屋大阪店（当時）の用語。

　仁久(じんきゅう)…高島屋・京王・京成の用語。「仁」は四の符牒、「久」は繰り返しを表す符牒で、四四→シーシー→おしっこ→便所。

客・お得意の言い換え語がある。

　前主(ぜんしゅ)…三越の用語。三越の専務取締役日比翁助の明治末の造語。

　おなり…松坂屋の用語。

　五八様(ごはち)…高島屋の用語。五×八＝四十→「しじゅう」店に来るから。

さすが百貨店だけあって客やお得意様には「前主」「お成り」「五八様」とよく言っている。「前主」は前に立つご主人様ということで、客を立てた表現。「おなり」も貴人が訪ねて来ることをいう尊敬語。テレビ番組でも将軍が現れると「お成り」というあれである。高島屋の「五八様」はしゃれている。高島屋は「有久」「仁久」でもことば遊びがあっておもしろい。

一方、嫌な客の言い換えもある。

　いくらちゃん…「これいくら」と値段ばかり尋ねて買わない女性客。

　うろこちゃん…店内をうろうろしている冷やかし客。

万引きの言い換えもある。これも百貨店によって異なる。

　金印(きんじるし)…三越の用語。

　川中（さん）…高島屋の用語。買わない→川中。

利調太郎さん…東急の用語。

　百貨店といっても古い呉服屋店系と新しい電鉄系がある。前者に隠語が多く、後者には比較的少ない。前者の中でも松坂屋は隠語が多いという。同じ松坂屋でも店によって異なり、トイレも名古屋は「中村」というのに対して、大阪は「新閣」という。

　百貨店は客第一主義であるため、ことば遣いや態度は丁寧にすることが求められている。しかし、店員はいつも良い客ばかりを相手にしているわけでなく、無理難題をふっかけてくる客、怪しい客、万引き犯もおり、不快に思っていることは間違いない。そこでそれらを隠語にしてうさを晴らしているとも考えられる。

　近年、百貨店の経営統合が進んでいる。その中で用語の問題が出て来ている。たとえば大丸と松坂屋が経営統合したことから、両社は用語の違いにとまどい、混乱を避けるために社内で『大丸－松坂屋用語集』を作成し、用語の対訳と意味を掲載した。そして用語の統一を図るという。したがって、先に挙げた用語も消滅することもあり得る。

9.4　タクシー業界の用語

　運輸業でもフライトアテンダントの業界用語と全く違ったタクシー業界用語を紹介しよう。タクシーは客を乗せる仕事なので客についての隠語が多い。しかも収入になる客かどうかについていう。これは個人タクシーではなくタクシー会社、しかも大手の会社に多い。

　　あたり…長距離客。
　　お荷物…酔っ払い客。
　　お化け…1万円以上の客。
　　お姫様…近距離で相乗りするホステス。
　　ゴミ…ワンメーターの客。「ゴミ掃除」とも。
　　地べたの客…高速道路（「上」という）を走らせず、一般道路（「地べた」「べた」「下」という）を走らせる客。
　　ショート…近距離客。
　　新婚さん…近距離客。
　　ゾンビ…タクシー待ちの大行列の客。
　　テンプラ…数人で乗り込み、千円以内でみんな降りていく客。

9.4 タクシー業界の用語

　流れ弾…待っていた長距離の客ではない近距離客。
　はずれ…近距離客。
　引く…「当たりを引く」という意で、長距離客が乗る。
　回し…数人で乗り込み、順番に違うところで降りていく客。
　まんしゅう…1万円以上の客。「万収」あるいは「満州」か。「まんころ」ともいう。
　ロング…長距離客。

商売だから近距離客を嫌い、長距離客を好むのは仕方がないが、こうまで近距離客が嫌われているとは驚く。

東京の大手タクシー会社「大和自動車」「日本交通」「帝都自動車」「国際自動車」をまとめて「大日本帝国」と呼ぶ。これ以外は「中小」と呼ぶ。個人タクシーは「個タク」という。無許可タクシーは「白タク」。東京の個タクは屋根の上についている表示灯がでんでん虫に似ているので、個タクの車輛を「でんでん虫」と呼ぶ。

タクシー会社は無線でやりとりがある。客に聞かれてはまずいので無線隠語が使われる。

　赤ランプ…タクシー乗り場にタクシーが足りないさま。
　一番地…公衆便所。
　感度9…事故を起こしたことを無線センターに伝える用語。
　感度7…緊急時や客とのトラブルを無線センターに伝える用語。
　感度不良…検問・取り締まりを無線センターに伝える用語。
　感度良好…覆面パトカーがいることを無線センターに伝える用語。
　工事中…検問・取り締まりを無線センターに伝える用語。「電話線工事中」とも。本当の道路工事は「本工事中」という。
　進行中…うさんくさい客を乗せて走らせていることを無線センターに伝える用語。
　白黒待機…検問・取り締まりを無線センターに伝える用語。
　0番地…無線の配車で使われる霊安室前。
　握る…無線で話すこと。
　水たまり…スピード違反の検問を無線センターに伝える用語。

その他、なぞなぞのようなおもしろい隠語がある。

土用波…暴走族。夏によく押し寄せてくるから。
　　ネギ…苦情。九条ネギから。
　　パンダ…タクシーが嫌うパトカーとダンプ。
　　ワカメ…回送。ワカメは海藻だから。
以上は会社により、また地方により異なることを付け加えておく。

9.5　警察の用語

　タクシーが嫌う警察の用語（サツことば）を見よう。佐々淳行『目黒警察署物語』（文藝春秋、1989年、引用は文春文庫）「早く警察の隠語や符牒を覚えないといけない」と書いているように、警察には独特の隠語がある。近年、推理小説やテレビの刑事物や警察の密着取材で警察、刑事用語の一部が知られるようになった。たとえば津村秀介『京都着19時12分の死者』（講談社、1989年、引用は光文社文庫）に

　　事件が殺人なら、犯人は変死が発見されたとき、あの新幹線に乗っていたことになるか

と「やま」「ころし」「ほし」が使われ、森村誠一『棟居刑事の砂漠の暗礁』（ハルキ文庫、1997年、引用は角川文庫）に

　　これにつづいて掏摸や放火や強盗や万引き

と「あかねこ」「たたき」「おし」が使われ、森村誠一『棟居刑事の悪夢の塔』（実業之日本社、1999年、引用は角川文庫）に

　　テレビを見ていると、我々の使っている言葉がほとんど出てきます。土地鑑などはまあいいとして、焼死体、水死体、縊死、強姦、戒名などが一般用語になっては、ちょっと困りますな

と「土地鑑」「やきいも」「マグロ」「ブランコ」「つっこみ」「戒名」が出てくる。
　警察は警察法二条一項に

　　警察は、個人の生命、身体及び財産の保護に任じ、犯罪の予防、鎮圧及び捜査、被疑者の逮捕、交通の取締その他公共の安全と秩序の維持に当ることをもってその責務とする

とあるところから、捜査・取り調べ、犯人・被疑者、事件・犯行、逮捕・釈放などに関する俗語が多い。
　まず捜査・取り調べに関する用語を取り上げる。警察用語は一般に犯罪者を取

り締まるため、彼らと用語が共通するものが多いが、捜査・取り調べに関する用語は警察独特のものである。「お宮」「お宮入り」は刑事ドラマでも使われ知られるようになった語で、事件の迷宮入りのこと。「がさいれ」（家宅捜索）もよく聞くようになった。そのほかに次のような語がある。

あごとり…被疑者の取り調べ。
網打ち…非常警戒。
牛の爪…犯人が割れること。牛の爪は割れているから。
馬の爪…犯人が割れていないこと。馬の爪は割れていないから。
戒名…捜査本部に立てる看板に書かれた事件名。戒名のように漢字ばかりだから。
なし割り…刑事が質屋や古物商などを周り、盗品を捜査すること。「なし」は「しな」の倒語。

犯人・容疑者を表す隠語がある。

カメ…痴漢のこと。出歯亀から。
月夜のカニ…すぐに捕まるどじな犯人。
ほし…犯人。「単ほし」は単独犯。「本ほし」は真犯人。
豆泥棒…性犯罪者。
マル走…暴走族。
マル知…知能犯。
マル被…被疑者。
マルＢ…暴力団。
マル暴…暴力団。

事件・犯行に関する用語は犯罪者と共通することが多い。漢字の偏からとったものがある。

後足（あとあし）…犯行後の足取り。
うかんむり…窃盗。「窃」は正しくは「あなかんむり」であるが、「うかんむり」といった。
お春…売春。
ごんべん…詐欺。「詐」は「ごんべん」だから。
さんずい…汚職。以前は「瀆職（とくしょく）」といったが、この「瀆」が「ごんべん」だから。

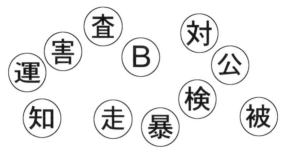

「マル語」の例

　　曽根崎…心中。「曽根崎心中」から。

　　ドリンク…のみ行為。しゃれである。

　　にんべん…偽造。「偽」が「にんべん」だから。

　　前足(まえあし)…犯行前の足取り。

　逮捕・釈放に関する用語は警察独特である。

　　おふだ…逮捕令状。捜査令状。「ふだ」とも。

　　かむ…逮捕する。

　　がらを取る…身柄を確保する。

　　切符…逮捕状。

　　緊逮…緊急逮捕。

　　現逮…現行犯逮捕

　　通逮…通常逮捕。

　　ぱい…釈放。

　　ぱくる…逮捕する。

　　ホタルのけつ…事件解決の見通しが明るいこと。

　先に挙げた「マル走」のように暴走族の「走」を丸で囲んだものを読み表したマル秘の語（筆者は「マル語」と呼ぶ）がある。マル語は警察以外に探偵・税務署・保険業界に使われており、いずれも調査にかかわる業界である。先の例以外に次のような例がある。

　　マル運…運転手。

　　マル害…被害者。

　　マル検…検事。

　　マル公…公安警察。

マル参…参考人。
　マル対…監視・尾行の対象者。
　以上の用語のうち、古い語、もう使われなくなってきている語がある。「牛の爪」「馬の爪」「月夜のカニ」「ホタルのけつ」など、なぞなぞのような語句は死語化している。これはプロ意識が薄れ、サラリーマン化した最近の警察内の風潮に原因がありそうである。

9.6　大相撲の用語

　大相撲の用語の多くは江戸時代から明治時代にかけて生まれたと思われる。100年以上前の『風俗画報』第322号（1905年）に「相撲界の符牒と隠語」という記事があり、その当時で

　　新語は幕内より幕下に落ちしを（陥落）といひ弱き力士を（蒲鉾）といふこと等にて、蒲鉾と弱き力士は、何時も稽古場の羽目板に押しつけらる、といふ意味なるよし

とあり、新語「陥落」「蒲鉾」が挙げられてる。そのほか、「八百長」、「注射」（八百長を頼むこと）、「電車道」（立ち合いに一直線に相手を持っていくこと）、「くんろく」（いつも9勝6敗のやっと勝ち越す弱い大関）なども明治以降の語である。
　この業界の用語はいくつかの特徴がある。まず相撲に関する語と飲食・金銭・性格に関する語が大半を占めている。
　相撲の取り口・勝敗・稽古に関する語句は当然多い。その中からおもしろい語句を挙げておこう。

　　按摩…上の力士が下の力士に猛稽古をつける。制裁に近い。「かわいがり」とも。
　　炭団（たどん）…黒星。星取り表の黒星が炭団に似ているから。
　　注射…八百長を頼むこと。また八百長相撲。
　　鍋ぶた山…いつも負けてばかりの力士。黒星が鍋ぶたに似ているから。
　　へのこざし…差し手を返さないこと。「へのこ」とは男性の陰部を指す。

　力士は食べることも稽古のうちといわれるだけあって、飲食に関する語句が多い。その表現もいかにも相撲らしい。

　　えびすこきめる…腹いっぱい食べる。恵比須講の晩に腹いっぱい食べるところから。

手相撲…自分の金で飲むこと。

はずにかかる…ご相伴でごちそうになる。

馬力をかける…酒を飲む。

胸を出す…おごってやる。

勝敗が金銭になるので金銭に関する語が多い。

お手上がり・おてこ・お天気・なるめくり・万歳…一文無し

日下山(くさかやま)を決める…外で飲食して足が出る。

しょっぱい…懐が寂しい。

はがみ…借金の証文。

相撲部屋は狭い社会であり、共同生活である。また角界も狭い社会であるため自然と人を批判する語句が増える。

北向き…変人。

銀流し…おしゃれ。気取った奴。きざな奴。

タコになる…天狗になる。

常陸(ひたち)をきめる…見栄を張る。ほらを吹く。明治時代の三段目の力士常陸潟はまったく女にもてないのにもててもててとほらを吹いたところから。

力士や女性や贔屓筋(ひいき)を表す語がある。

金星(きんぼし)…美人。

銀星…少しきれいな女性。

星…恋人。

お軽(かる)…不美人。

貧乏神…十両筆頭力士。

そのほかの行為に関する語句がある。

イカをきめる…博打で勝ち逃げする。泥棒する。怠ける。

上総道(かずさみち)…大きいことを小さくいううそ。上総で道を聞くとすぐそこと答えるが実際は遠いことから。

首投げ…セックス。

コンパチ…人差し指で相手のおでこをパチンとはじくこと。

頭突きをかます…強く叱る。

手相撲…オナニー。

わさび…人差し指で相手の鼻の頭をはじくこと。

外来語がほとんどなく（「ソップ」のみ）、ほとんど和語である。「ソップ」はオランダ語でスープのことから転じ、鶏ガラから連想して痩せていること、またその力士。

また他の集団にある省略が少ない。逆に「～をきめる」のような句の形のいい回しが多い。

さらに連想による転義が多いのも特徴である。

お天気…一文無し→財布が空→からっと晴れる→お天気

米びつ…人気力士・ドル箱力士→手当・祝儀が多い→米びつが豊か

シカきめる…知らないふりをする→無視→花札のシカが横を向いている→しかきめる

石炭たく…急ぐ→蒸気機関車が石炭をたいて走らせる→石炭たく

レンコンきめる…目端が利く→レンコンは穴があいて向こうが見える→レンコンきめる

9.7　鉄道業界の用語

近年、「鉄オタ」「鉄ちゃん」「鉄子」と呼ばれる鉄道マニア、鉄道オタクが増えている。そのためか、鉄道員が書いた裏話などの本が出回るようになった。その中にしばしば出て来るのが次のような鉄道業界用語である。これらは本来の正規の語に対して俗語である。

ウホ…運輸報告。「うんゆほうこく」から略した語。

ウヤ…運休。「休」を「やすみ」と読んで、「や」と略した語。

ハコ…電車。箱はもともとスリの用語。

ハンスコ…車止め。

スジ…ダイヤグラム（運行図表）。「スジを立てる」は列車を早めること。「スジを寝かす」は遅くすること。「スジを殺す」は運行を中止すること。

スジ屋…ダイヤを編成する課員。「裏スジ」ともいう。

ウンチ…運転指令長。「運長」から略した語。

ウテシ…運転士。「ハンドルヤ」ともいう。

レチ…車掌。「列車長」の略から。

オヤジ…現場長。

ナキヤ…ホームなどで放送している放送員。

ナク…放送する。「ナイテクレ」は放送してくれ。
トリコ…線路上で動けなくなった自動車。虜から。
マグロ…轢(れき)死体。市場に並んだ尾を切られたマグロに似ているところから。
マル…異常なし。
バツ…異常あり。厳罰。
ハライモドシ…ゲロ。

これを理解したうえで次の会話を読んで、何をいっているのか当ててみよう。出典は大井良『鉄道員裏物語』(彩図社、2010年)である。

「モシ(＝もしもしの略)、話って何？」
「じつは、昨日、うとうとしてたらハコをハンスコに乗り上げちゃって」
「あちゃー、それはきついね」
「マルにならないかな？」
「マルになるも何も、すでにオヤジやウンチに話いっちゃってるんでしょ」
「うん」
「じゃ、バツだよね」
「おれ、もう乗務できないのかな？　駅員に戻されてナキヤやハライモドシとか片付けるのかな？」
「可能性はあるよね」
「せめて裏スジとかに回してくれないかな」
「うーん、難しいよねスジ屋は、彼らはプロフェッショナルだからね」

10

俗語も変わっていく

　本章では変化する俗語を取り上げる。それは意味や用法また言語意識は時代によって変化するものであることを知るためと同時に、何が正しいかということは簡単にいえないことを知るためである。われわれ言語研究者は「ことばの乱れ」とはあまりいわず、「ことばのゆれ」「ことばの変化」といういい方をするのはそういう理由があるからである。

　そこで、はじめにこのことを考えるおもしろい例を挙げておこう。

　問題　「森羅万象」の読みは何か。

　「しんらまんぞう」と読んだ人がいた。それを聞いた人たちはゲラゲラ笑った。確かに現代では「しんらばんしょう」と読まないと笑われる。しかし、古くは「しんらまんぞう」といっていた。日本語－ポルトガル語辞書の『日葡辞書』(1603～1604年)に出ている。さらに「しんらばんぞう」という読み方もあった。『辞林』(1907年)という国語辞典に「しんらばんしやう」と「しんらまんざう」の見出しが出ている。『袖珍　和英辞典』(1914年)には「Shinra-banzō」がある。「万」「象」の呉音（日本に奈良時代以前に伝わった中国南方の音）はそれぞれ「まん」「ぞう」で、漢音（呉音の後に日本に伝わった中国北方の音）はそれぞれ「ばん」「しょう」である。古くは呉音で読んでいたのが漢音の読み方に変化したのであった。

　俗語は初めから俗語であるとは限らない。ことばの中には語形・意味・用法・使用者などが変化して俗語が一般語になる（語感がマイナス評価からゼロまたはプラス評価になる）場合がある。またその反対に一般語が俗語になる（ゼロまたはプラス評価がマイナス評価になる）場合がある。前者が「語の向上」なら、後者は「語の堕落（下落）」である。さらに俗語という言語意識は変わらないが、

語形・意味・用法・使用者などが変化した語がある。次にいくつか例を挙げて見てみよう。

10.1　てよだわことば——出自が悪いことば

まず向上した例から見てみよう。
「爾(そ)うだ、解(わか)つてよ、男の方のよ。必然(きつとラブ)恋してる男(ひと)なんだわ」
19世紀から20世紀にかけて、女学生はその服装から「海老茶式部(えびちやしきぶ)」と呼ばれ、その言動が世間の注目の的になっていた。この例は小杉天外(こすぎてんがい)『魔風恋風(まかぜこいかぜ)』(1903年)に出てくる女学生のことばである。『魔風恋風』はその当時の女学生を描いた人気新聞小説で、彼女たちの姿とことばが描かれている。「魔風恋風の歌」ができたほどで、「早稲田よいとこ　目白をうけて　魔風恋風　そよそよと」と歌われた。「解(わか)つてよ」「男(ひと)なんだわ」のように文末に「てよ」「だわ」が付いたことばを「てよだわことば」というが、これが女学生の特徴的ないい方であった。現代では女性っぽい話し方のように思われるが、使われ始め、流行し出した頃は新聞・雑誌でいわゆる下流社会のことば、芸妓のことば、下品ではすっぱなことばだとしばしば非難されていた。

古くは小説家の尾崎紅葉が「流行言葉」(『貴女の友』1888年6月5日号)に、小学校の女子が使い出し、その後、高等女学校の生徒から貴婦人まで広がった「異様なる言葉づかひ」で、「心ある貴女たち」に使わないように注意している。次のような例を挙げている。

　(梅はまだ咲かなくッテヨ)

　(アラもう咲いたノヨ)

　(アラもう咲いテヨ)

　(桜の花はまだ咲かないンダワ)

芸妓屋のことばが一般の婦人たちに広まった理由について、明治維新の功臣の奥方になった人の中に芸妓上がりが多かったからという人もいる(竹内久一「東京婦人の通用語」『趣味』1907年11月)。

ついで『女学雑誌』第221号(1890年)に破月子「女性の言葉つき」という一文があり、「暴々しひ」「嫌な言葉」として「てよだわことば」が取り上げられている。また、『読売新聞』(1902年12月26日)の「ハガキ集」欄に女学生の「てよ」が「野卑なる言語」と良妻賢母主義から厳しく批判されている。

さらに『読売新聞』(1905年3月16日)に「女学生と言語」と題する記事に、女学校の普及につれ「お店の娘小児が用ゆる言語」が女学生間に使用されるようになったことが書かれている。それは次のようなことばである。

○なくなつちやつた　　○おーやーだ　　○行つてゝよ　　○見てよ
○行くことよ　　○よくツてよ　　○あたいいやだわ　　○おツこちる
○のツかる

この記事が書かれた1905年には文部省が認可する高等女学校の生徒数は初めて3万人を超えた。その6年前は1万人にも満たなかったことから、「お店の娘小児」が多数入学したこととことば遣いの乱暴さは関係していよう。

大正時代にとてもよく売れた新語辞典『新らしい言葉の字引』(1918年)に「てよだわ言葉」の見出しがあり、「ずゐぶん下卑(げび)て聞えたものである」と書いてある。

このように「てよだわことば」は明治初期には芸妓や下町の子どものことばであり、「異様なる言葉づかひ」「暴々しひ」「嫌な言葉」「野卑なる言語」「下卑て聞こえた」と批判され、はすっぱなことばであった。しかし、明治後半になると女学校の拡大に伴い、流行し、さらに上流階級の女性にまで広まり、価値が逆転したのである。時代が変われば、ことばの乱れの意識も変わる好例である。

10.2　やばい——ドロボー・スリの隠語

近年、テレビでタレントが何かを食べては「大変おいしい」ということを「やばーい!」「やばっ!」などと感動詞のように発しているのをよく聞く。この「やばい」はもと使用者が悪い隠語であったが、今や一般の若者や大人までも使う、国語辞典に掲載される俗語になった(たとえば『明鏡国語辞典　第二版』)。これは意味や使用者が向上した例である。

「やばい」は江戸時代の「やばな」という形容動詞の語幹「やば」に形容詞化する「い」を付けた語という説がある。「やばな」の意味は「法に触れたり危険であったりして、具合の悪いこと。不都合なこと。あぶないこと。また、そのようなさま。やばいさま。」(『日本国語大辞典　第二版』)である。「やばい」はもと、悪事が発見される、つかまるなどの身の危険なさまのことをいう盗人の隠語、またその他のスリなどの犯罪者、香具師、不良少年の用語であった。彼らの隠語なので「やばな」を形容詞化した程度では隠語にならず、先の語源は怪しい。

わが国最初の隠語辞典である稲山小長男(いなやまこさお)『日本隠語集』(1892年)に

　　ヤバイ（又ハヒーヤン）　危キコトヲ云フ即チ犯罪ノ発覚セントシ又ハ逮捕
　　セラレントスル場合ノコトヲ云フ　（大阪府管内ニ通スル語）

とある。その他の府県警察管内にも見られる。宮武外骨『滑稽新聞』第53号（1903年）に盗人の隠語として

　　やばい　危ない（盗賊語）

とあり、尾佐竹猛『掏摸物語』（1909年）にスリの隠語として

　　危険をヤバイ

とあり、和田信義『香具師奥義書』（1929年）に香具師の隠語として

　　危い　イソイ又ヤバイ

とあり、浅草の不良少年を描いた川端康成『浅草紅団』（1929～1930年）に不良少年用語として

　　私と歩くのはヤバイ（危い）からお止しなさいつていふんだ

とある。まだかっこに注釈を付けている。

　「やばい」は戦後の闇屋が横行した時代に不良少年から一般の若者に広まった。石坂洋次郎『石中先生行状記』祭礼の巻（1949～1950年）に

　　ああ、あれですか。ちがいますよ。こないだから、むかし東京で知合いだつた親分の添書をもつて、テキ屋が一人転がりこんで来てるんですよ。あつちで何かヤバイ事があつたらしいんで……。

と、一般人が使用しており、注釈なしに書かれている。雑誌『小説公園』（1955年1月号）所載の安西薫「ダブル・ハットのシミチョロ」に

　　「ヤバイ」（きたない、けち、危ない）
　　「ハクイ」（いい）、などしばしば堅義？　の学生まで使っている。

と述べ、不良少年用語が一般学生に入っていることを指摘している。

『現代用語の基礎知識』若者用語に「やばい」が初めて出たのは1980年版で、「やくい・やばい」の見出しに「危険な。あぶない。まずい」と記されていた。その後、1981年版・1982年版・1988年版に出ている。以前からの意味で使われている。しかし、2002年版に「やばい／やべえ／やばやば（略）手がつけられないほどのめり込みそうな。魅力がありすぎる。すごくいい」とあり、2003年版になると「やばい／やベー　あぶない・最悪な状態にも、すごくいいとき・最高の状態にも使う。意味は文脈によって決まる。」とあり、今世紀になってから良い意味で使われるようになり、意味が変化した。すなわち従来は

　　やばい→あぶない→避けたほうがいい

だけであったが、新しい使い方は、これに加えて

　　やばい→あぶない→のめり込みそう・魅力がありすぎる→すごくいい

となった。「すごい」に近い。こうして、「やばい」は、もと犯罪者が使っていた隠語とはだれも思わないほど、一般人が使う俗語となった。とはいえ、ある調査では「気持ちが悪い日本語」の9位に挙げられる俗語である。

10.3　すてき──江戸の俗語

　昔は「すてきにいい人」といういい方をしていたが、現代ではなく、「すてきな人」といういい方をする。「すてき」はもともと「すばらしい」の「す」に「的」がついたと考えられている江戸庶民の新流行の俗語だったが、今では俗語とは思われていない、珍しく意味が向上した例である。「すてき」の意味・用法が変化したのである。

　江戸時代、「すばらしい」はこれまた今と意味が違い、程度のはなはだしいさまをいった。望ましくない有様にも望ましい有様にも使い、前者の場合はひどい、あきれるの意、後者の場合は見事だの意である。したがって、「すばらしい」をもとにした「すてき」も程度のはなはだしいさまをいう。ただし、「素敵」は当て字である。

　「すてき」は「すてきに」の形で「すてきに寒い」「すてきにいい」「すてきにほしい」「すてきにかわいがる」「すてきに困る」などと形容詞・動詞を修飾し、「はなはだ」と言い換えられる副詞だった。19世紀の江戸時代から昭和初期までよく使われた。明治以降の例を挙げると、諷刺雑誌『滑稽新聞』第9号（1901年）

に
　　此奴(こいつ)は素的に面白い事だ

とあり、里見弴(さとみとん)『今年竹』総見（1919年）に

　　見ると素敵にいゝ男だらう？

とあり、同『今年竹』小さな命に

　　箪笥が素敵にほしいんだよ。

とある。

　このような「すてき」は強調する「滅法」「滅法界」と結びついて「すてき滅法」「すてき滅法界」となり、さらに強調したことばになった。和田定節(わだていせつ)『春雨文庫』第20回（1876～1882年）に

　　鬼の女房にや鬼神が成との諺への通り素的滅法界な女だぜ

とあり、西村富次郎(にしむらとみじろう)『滑稽哲学　雷笑演説』（1888年）に

　　諸君よ諸君余ハ極々素敵滅法界もなく面白く可笑くして且つ至て緊要なる道理を演(の)べませうと存じます

と「素敵滅法界もなく」といういい方が出てくる。これは「すてきもない」（途方もない意）の強調したものである。昭和になっても夢野久作(ゆめのきゅうさく)『ドグラ・マグラ』（1935年）に

　　現在、死人の戸籍に入っているその少女は、近いうちに自分のシャン振りと負けず劣らずの、ステキ滅法界もない玉のごとき美少年と、偕老同穴の契を結ぶ事になっているのだ。

とあり、戦後すぐの田村泰次郎(たむらたいじろう)『肉体の門』（1947年）にも使われていた。

　　この水で、米をとぎ、横文字のはいつたバターの二ポンド入り空缶を飯盒がはりに、飯を炊くと、素的滅法界な銀しやりが炊ける。

　以上の「すてき」の使い方は今ではなくなった。一方、「すてき」は「すてきな別嬪」「すてきな美人」「すてきな景気」などと名詞を修飾したり、「すてき！」と感動詞のようにいったりして、非常に良い、すばらしい意でも使われた。19世紀の江戸時代から現在まで使われている。永井荷風『おかめ笹』（1918年）に

　　翰は襖の明く音と共に振返るや否や「サア一杯」と素的な景気。

とあり、平山蘆江(ひらやまろこう)『東京おぼえ帳』今昔言葉の泉（1952年）に流行語を振り返って述べている中で「何て間がいいんでしょう」がはやった頃（1910年前後）のことを次のように書いている。

さて同じ頃本郷神田の学生たちは、しきりにデカンショを唄ひ、筑前薩摩の琵琶歌をうたひ、うたつたあとで、チエーストと叫び、ステキと悦ぶ言葉ぐせがあり、

「チェースト」とは zest で「いいぞ！」というかけ声である。旧制第一高等学校の学生が「すてき」を叫ぶという。葛西善蔵『埋葬そのほか』(1921年) に

私はその時のことを思ひ出して、T 君にすゝめた。彼はひとりで出かけて行つたが、九十六番の大吉を引当てて「素敵々々！」と云つて帰つて来た。

と、今であれば「やったやった！」と喜び叫ぶところを「すてき！」といっている。「すてき」は現代では女性が使うことが多いが、以前は男性のことばであったのが女性にも使われるようになった。『サンデー毎日』(1924年5月18日号) に男子学生のことばが兄弟や兄弟の男友だちから女学校の生徒に入って流行していることが書かれている。

例へば「とても」といふ言葉は目下大流行であるが男学生から習つたものである。(略)「凄い」といふ言葉も亦男学生から習つたので、少しく目に立つ服装をしてゐると、「凄い風ね」と言つたりする。「素敵」「猛烈」「素晴らしい」「癪だ」の如き皆男学生から伝染つたのである。

この「すてき」は「女性が多く用いる」(『新明解国語辞典　第七版』) と書かれるほどになり、以前の男性っぽい語から女性っぽい語になった。

10.4　おいしい——女性のことば

味がいいこと、すなわち「うまい」を「おいしい」というのは一般語であるが、「おいしい話」のように、「自分にとって都合がいい。うまい。好都合な。」(『明鏡国語辞典　第二版』) の意味で使うのは俗語である。意味の一部が俗語になったので意味が下落した例である。この俗語の用法は1981年、コピーライター糸井重里が作った西武百貨店のキャッチコピー「おいしい生活」からはやったものであるが、この用法は意外にも古く江戸時代にさかのぼる。

「おいしい」は現代では「うまい」よりも丁寧で上品ないい方と思われているが、これには意外な歴史があった。まず「おいしい」は「お」＋「いしい」から成り、「お」は接頭語、「いしい」は古語「いし」の口語形で、味がいい意味の女房詞である。「いしい」は13世紀から見られ、良い、好ましい、見事だ、立派だなどの意である。また、美味だの意味は室町時代以降、おもに女性が使用し

た。この「いしい」に「お」を付けて「おいしい」が成立したのは18世紀の江戸時代で女性が使用した。なお、女房詞というのは室町時代の初期に御所などに仕える女房が使い始めた隠語で、食物などを言い換えたことばである。それが町屋の一般の女性に普及し、現代までも続いている。その代表的なのが「お」を付けることばと「もじ」を付けることばである。前者の例に「おひやし」「おひや」、「おまん」(「饅頭」から)、「おかず」(「数々」から)、「おでん」(「田楽」から)、後者の例に「すもじ」(「鮨」から)、「しゃもじ」(「しゃくし」から)、「かもじ」(「髪」から) などがある。

では、男性は美味であることを何といっていたかというと「うまい」(古語は「うまし」) である。8世紀の『万葉集』にも使われている古い語である。

私が高校生の時に読み、日本語に強い関心をもつきっかけになった本である大野晋『日本語の年輪』(新潮文庫、1966年) に次のようにある。

> 鎌倉時代の「平家物語」の中には出てくる。「いしう参りたり」とは、よく来たという意味である。しかし、やがてその使い方が限られてきて、味のいい場合に、男は「うまい」と言い、女は「いしい」と言うようになった。それが一般の女の言葉の例にならって、「お」をつけて「おいしい」が成立した。母親のその言葉を子供が覚え、成長してからも、それを使う。やがて男の大人までも、その「おいしい」を使うようになると、「うまい」を品の悪い言葉と思うようになったのである。(57頁)

「おいしい」は女房詞であったが、それを男性までが使用するようになって、「おいしい」は丁寧な上品なことば、「うまい」は品の悪いことばと思うようになった。

話をもどして、「おいしい」が美味である以外に「自分にとって都合がいい。うまい。好都合な」の意味で使われ出したのは18世紀の江戸時代で、芸人仲間で使用されていたようである。歌舞伎『男伊達初買曾我』(1753年) に

「ハテ、巾着切ぢやといひはせぬわい」

「又云つて見たがえい。それこそおいしいめに会はせるわい」

と「おいしいめに会わせる」と使われている。

現代では西武百貨店のキャッチコピー以前に西川清之『風の中の歌』(1952年) に

「さに非ずだね。あちらでは、御迷惑とおつしやつてる。」

「なあんて、オイシイ事をいつて!」

10.5 エッチ——不良少年の隠語

「エッチ」はHを発音した語であるが、意味するところは時代によって異なり、初めは隠語だったが、今ではだれも知る俗語となった。

まず男どうしの擬似性行為「すまた」の意味で既に『隠語輯覧』(1914年) に

 ゑッち【H】同上——(素股ト称スル方法)

とあり、また桃源堂主人『日本性語大辞典』(文芸資料研究会編輯部、1928年) にも見られる。

 えつち　H。前条「えす」に同じく唯所謂「素股」と称する方法にて為すをいふ。

前条「えす」とは

 えす　S。普通芸妓の隠語なれども東京不良少年団に於て鶏姦の隠語なり。

とあり、「S」は singer の頭文字で「芸妓」を指すが、不良少年間では「鶏姦」と指すという。この「エッチ」は「変態」hentai の頭文字からであろうか。

次に「エッチ」は当初「エイチ」といい、英語 husband の頭文字で「夫」を意味する戦前の女学生の隠語であった。宮本光玄『かくし言葉の字引』(1929年) に

 エイチ　H　(略) 女学生間にて夫のことをいふ。英語の Husband「良人」の頭字Hを取つたものである。Hus ともいふ。

とあり、「ハズ」「ハス」ともいう。南 霞濃(みなみかのう)『チョーフグレ』(文献研究会、1930年) にもあり、新堀哲岳(しんぼりてつがく)『問題の街頭少年』(章華社版、1936年) の不良少年の隠語の例に「エッチ」という発音で掲載されていた。

次に「エッチ」は hentai の頭文字から「変態」「いやらしい(男)」「助平」「痴漢」の意は戦後の女学生の隠語であった。これは「エイチ」とはいわない。『週刊朝日』(1952年4月13日号) に

 突然、若い女性のとがめるような声。——「あら、エッチよ！」「どこよ、どこよ」「あたしの横よ」

と、女子高生が使用し、佐藤弘人(さとうひろひと)『はだか随筆』二つの体験 (1955年) に

 「そんな先生は女学生仲間では H 党公認と云うんだそうです」と、云われた。H 党公認とは何か、と聞いたら、H は変態の H だそうで

と「変態」の頭文字であることが書かれている。また、舟橋聖一『白い魔魚』あじさいの風（1955〜1956年）に

　　Hラインとは、紫乃たちの隠語だが、Hは変態の頭文字。時によると、おナマに、おヘンタイとも、少しボカしておHともいう。

と、女子大生の隠語で、「おH」「Hライン」ともいうことが書かれている。田中小実昌『香具師の旅』（1979年）に1949年の話に「エッチ」は「いやらしい」の意味でHeの頭文字といっている。戦後すぐから「エッチ」は「いやらしい」意味で不良少女や女学生に使われていたようである。

　　「にいちゃんは、マジメにネリ公さがしをせんのやから、いややわ。ふたりでネリ公さがしをしよう言うて、うちのからだのあっちこっちにさわるんやけ……。エッチ」

　　ミヨはぼくの手をはらった。そのころでも、エッチというコトバはあって、ズベ公がかった女のコはつかっていた。エッチはHeの頭文字で、だから、いやらしいことだそうだ。

なお、非常に助平なことを「ダブルエッチ」といった。これも女子大生の隠語である。『週刊読売』（1955年8月28日号）に

　　Hを極端にいう時はダブル・エッチ、あるいはW・H、H_2と紙片に書いて教室内を回す。

とあり、『日本』（1960年9月号）にも使われている。

　　WH（程度がひどいH）のおじ様などいると

これが10年以上も経つと小さい女の子まで使うようになったことが『週刊読売』（1968年9月20日号）に書かれている。

　　「エッチ」という言葉は、近ごろは、五、六歳の女の子まで使うようになった。

現在、「エッチ」はセックスの意でも使われ、「エッチ（を）する」といういい方で使うことが多い。これはここ20年くらいで一般化したと思われるが、初めに書いた「素股」の意を知らずに現代、男女の性行為の意に使用するようになった。この意味も「エイチ」とはいわない。生方恵一『生放送だよ人生は』第5章（1990年）に

　　最近の若者達が使う「エッチする」という表現にあまり猥褻感がないのは、男女を差別しない時代感覚から生まれた言葉だからかもしれません。

とあるように猥褻感がないのは、そのものずばりをいい表していないからであろ

う。一種の婉曲表現である。

なお、航空業界、特にフライトアテンダントの隠語で「エイチ」は英語 holiday の頭文字で「休日」「休暇」の意である。別の航空会社では「ホリ」という。

10.6　超〜──学術用語の軽量化

「超」は近年「超うれしい！」などと程度がはなはだしいさまを指していう俗語だが、もともとこの語は英語 super、ドイツ語 über の訳語で超えていること、超越しているさまを表す学術的・専門語的な重い用語だった。しかし、現代の意味・用法は下落し、さらにいえば「軽量」になった。

「超〜」の語に「超現実主義」「超国家主義」「超自然」「超自然主義」「超人格」「超音速」「超音波」「超経験主義」「超弩級艦」「超法規」など固い語がある。これらの中で古い語は「超自然」で英語 supernatural の訳語である。北村透谷「『マンフレッド』及び『フォースト』」（1895 年）に

> 此も実に近代の鬼神を駆馳し、新創の幽境に特異の迷玄的超自然の理想を来て出でたり。

とあり、むずかしいことばだった。

学術用語を載せた徳谷豊之助・松尾勇四郎『普通術語辞彙』（1905 年）に「超人　英 Superhuman.　独 Übermenschlich.」「超人格的　英 Superpersonal. 独 Überpersönlich.」「超自然的　英 Supernatural.　独 Übernatürlich.」「超自然論（説）　英 Supernaturalism.　独 Übernaturalismus.」があり、遠藤隆吉『社会学術語稿本』第六篇（1909 年）に「超国家主義　super-nationalism」「超有機体　super-organism」があり、井上哲治郎・元良勇次郎・中島力造『英独仏和哲学字彙』（1912 年）に「Superhuman　超人的」「Supernaturalism　超自然論」「Supralapsarianism　超堕落論」「Supramundane　超世界的」「Überindividuell　超個人的」「Übermensch　超人」がある。このように明治時代の学術用語に「超」が使われていた。

ところが大正時代になると「超」は程度のはなはだしいさまの意にも使われ出した。『大増補改版　新らしい言葉の字引』（1925 年）に「超特別大興行」の見出しが挙がっている。

> 「特別」といふだけでは言葉の刺激が弱いといふ所から、「特別の特別」の意味で「超特別」といふのである。活動写真の広告に用ひる。

活動写真の宣伝文句として使われたというのは現代でも「超特別安価」「超豪華俳優陣」などがあり、同様である。また『モダン用語辞典』(1930年)に「超」が見出しに立てられ、

> 超越してゐること。例へば超弩級艦（シュパー・ドレッドノート）、超特急、超高速度輪転機、超特別大興行等々。特別のまたその特別の上を超してゐる最大級の形容詞として用ひられる。英語の「シュパー」仏語の「シュル」はこの意味である。

と、「超弩級艦」「超特急」「超高速度輪転機」などの例を挙げている。これらの「超」はいずれも漢語に付けて使われた。

この頃、浅野信『巷間の言語省察』(1933年)に「超」に対する批判を書いている。「超満員」「超特売」「超重宝」などのいい方が「激烈奇異の言語」「悲惨の喜劇」「常軌を逸する言語現象」と述べている。

「超」と同じ意味で昭和初期にはやったのが「ウルトラ」である。「ウルトラシック」「ウルトラナンセンス」「ウルトラモガ」「ウルトラモダン」などと使った。『ウルトラモダン辞典』(1931年)も出版されている。

「超」が「チョー」と表記され、「〔形容詞・形容動詞に冠して〕その程度が甚だしいことを強調する。非常に。「―やばい・―きらい」 表現 近年若者の間で使うようになった俗語的な言い方。」(『明鏡国語辞典　第二版』)とあるように、「非常に」の意で若者間に使われ出した。井上史雄・鑓水兼貴『辞典＜新しい日本語＞』(東洋書林、2002年)によると、1970年代に静岡で発生し、神奈川を経て東京に入り、1980年代に東京の若者間で流行した。1990年代に入り関西の若者にも使用されるようになったが、少数派であった。軽薄感は否めない。

『現代用語の基礎知識』の若者用語に掲載されたのが1988年版からで、遅い。泉麻人『地下鉄の友』(1991年、引用は講談社文庫)に

> 「それって、チョーかっこつけてるディスコでしょ？」みたいな言い回しを最初に採集したのは、五、六年前のことだったと思う。当時、二十歳かそこらの女子大生の娘がナニゲに遣っていた。(略)チョー〜のほうは、近頃、幼児の世界にまで伝播しているようだ。(略)僕が十七、八の頃から、「チョー〜」と同じような意味合いで「メチャかっこいい」とか「モロかっこいい」とかの言い回しはあった。(213〜215頁)

と、1980年代の半ばからの使用を書いている。

さらに最近、「超行く」のように話者の強い意志を表す用法や、「超間に合った」のように「全然間に合った」という俗語表現と同意で、「余裕」が十分あるさまを表す新しい用法が出てきた。

こうして学問用語・専門用語の訳語として始まった「超」は「チョー」と表記されて軽薄な俗語に落ちてしまった。

10.7　〜系——学術用語がオタク用語になった

系統、体系の意の「〜系」は英語systemの訳語に当てられた学術用語だったが、近年、「癒し系」などといういい方があるように、「〜っぽい」「〜のような感じ」「〜タイプ」の意で曖昧語の一種として用いられている。「超〜」と同じく意味・用法の下落した例である。

「〜系」の古い例は哲学用語を中心に集めた『哲学字彙』(1881年) に
　　System 系、統系、門派、教法、制度、法式、経紀、
とあり、『改正増補　和英語林集成』(1886年) に
　　Kei　ケイ　系　n. System：*taiyō*—, solar system；*shinkei-kei*, nervous system.
と「太陽系」「神経系」がある。『工学字彙』(1888年) に
　　System　法。式。系
とあり、また数学用語でもある定理から直ちに導かれる他の命題のことで、『数学ニ用キル辞ノ英和対訳字書』(1889年) に
　　Corollary. 系
とある。

ところが、「〜系」は1990年代の半ばから流行語のように俗語となって使われている。『三省堂国語辞典　第六版』(2008年) に
　　〔俗〕ある特色をぼかしてさすことば。「いやし—(のタレント)」
とある。『現代用語の基礎知識　1995年版』若者用語に
　　…系　…の類。「青身系の魚」「フカフカ系の枕」「きれい系の服」などと用いる。「お水系」は「水商売関係」をさす。
とある。さらに『同　2012年版』には
　　…系　①…の類。秋葉系は東京の秋葉原に集まるパソコンやゲーム好きのマニアックな若者。②ある状態、様子。「あの子。ロリ系」。

とある。「〜系」には「秋葉系」「ロリ系」のほか「癒し系」「草食系」「肉食系」「赤文字系」（コンサバファッション）「青文字系」（自由気ままな、時には奇抜なファッション）などの名詞は当然のこと、代名詞・形容詞・動詞・副詞などにも付く。「聖子系」「あっち系」「まじめ系」「なごみ系」「不思議系」「優しい系」「きれい系」「フカフカ系」「こってり系」「がっつく系」「遊んでる系」「できた系」など、人や物や性向・状態を曖昧にまとめて表す。

　また、オタク用語に「〜系」がしばしば使われている。オタク文化研究会『オタク用語の基礎知識』（マガジン・ファイブ、2006年）に次のような語が出ている。
・お菓子系（主に美少女体操着系のグラビア雑誌に出演するモデル、あるいはそうした雑誌から登場したアイドルの傾向）
・現場系（アイドルへのファン活動の内、コンサートに来場して応援することに重きを置いている人達の事）
・在宅系（「現場系」の対義語。コンサートには行かず、CDを聴いたり歌番組を見たりするだけのライトなファンのことを指す）
・最前系（アイドルのコンサートにおいて、常に最前列の席のチケットを入手しているファンを指す）
・最強系（アイドルファンを指して「あいつは○○最強だ」という言い方があるが、○○にはそのファンが推しているアイドルの名前が入る。つまり「○○ちゃんのファンの人達の中ではあの人が一番のファンだ」という意味である）
・軍団系（80年代のアイドル界隈における、いわゆる「親衛隊」的な文化の流れを受け継いでいるのが「○○軍団」と呼ばれる集団だ。揃いのハッピや特攻服に身をまとい、コンサート前/後に円陣を組んで気合を入れたりする）
・セカイ系（主人公の自意識、あるいは主人公とヒロイン（キミとボク）の関係性がそのまま世界のあり方に直結してしまうような作劇法の作品群の総称）
・詰んでる系（ツンデレラーの自嘲。「ツンデレ系なんかにうつつを抜かす自分は終わってる/製作者の思う壺（＝詰んでる）」の意）

　かつくら編集部『腐女子語事典』（新紀元社、2013年）にも5語掲載されている。
・痛い系（周囲の状況を気にせず突飛な行動を取るなど、どこか的がはずれた人のことを指すことが多い。または、隠す人が多いオタク趣味を堂々と露見させることに対して使われることもあるが、作品に関しては、登場人物の葛藤や苦

悩が赤裸々に描かれ、読む者の胸を抉るような衝撃をもたらすものを指す)
・エグゼ系(エグゼクティブ系の略。主にボーイズラブにおいて、エリートサラリーマンなどエグゼクティブな属性のキャラクターのこと)
・ガテン系(肉体労働主体の職種、またはその職種についている人のこと。もしくは、肉体労働をしているかのように体格のいい人のこと)
・新乙女系(性描写のある乙女系創作物のこと。乙女系ラブロマンスと同じ)
・匂い系(作中では、明確に恋愛関係・肉体関係にあるとは示唆されていないが、穿った見方をすればそう取れなくもない描かれ方をしている関係性にあるキャラクターが登場する作品のこと。また、そういう想像する余地を大いに秘めた作品のこと)

以上から、意味を厳密に定義して使用する学問用語の「系」が、それとは反対の遊びの世界のある類を指したり、意味を曖昧にしたりする便利なことばとなった。「ことばは変化する」ものであることをあらためて認識する。

ちなみに意味が変化して広まったことばに次のものがある。

プータロー…戦後すぐの横浜の日雇い港湾労働者から転じて働かずにブラブラしている人。

よろめき…足がふらつく意から転じて女性の浮気の意になったのは三島由紀夫『美徳のよろめき』(1957年)から。

シルバー…銀の意から老人の意になったのは国鉄の「シルバーシート」から。1973年。

金脈…鉱山の金脈の意から転じて、資金源、金づるの意になったのは立花隆『田中角栄研究—その金脈と人脈』(1974年)から。

粗大ゴミ…大型ゴミから転じて休日家にいて邪魔な亭主の意になったのは樋口恵子が新聞に取り上げたことによる。1981年。

グルメ…フランス語で食通、食い道楽の意から転じて単においしい物を食べることになった。1986年からブームになった。

トラバーユ…フランス語で仕事の意から転じて転職の意になったのは転職雑誌『とらばーゆ』から。1987年頃。

濡れ落ち葉…濡れた落ち葉の意から転じて定年退職して、いつも妻にまとわりつく亭主の意になったのは樋口恵子が新聞に取り上げたことによる。1989年。

11

俗語も消えていく

　ことばは生まれるものもあれば消えていくものもある。死語とはいえないまでも老人語に属する高齢者だけが使うことばがある。ことばの死語化は一般語にも俗語にも見られる。ここではそれぞれの死語化の理由を考えることにする。

11.1　一般語の死語化

　一般語が死語になるのは歴史的理由・社会的理由・言語的理由・言語感覚的理由がある。

　歴史的理由はいくつかの種類がある。

　第一に事物の変化、たとえば法の改正により「尺貫」という語は職人の世界を除いて消えていった。機能・形態の変化により「インキ壺」は不要となり、消えていった。事物の普及により、「電気洗濯機」「電気冷蔵庫」とわざわざ「電気」をつけた語は消えていった。事物の消滅により、「ゲートル」「国民服」「闇市」などは消えていった。

　第二に文化の変化、たとえば西洋化に伴う変化により、「雪駄」「腰巻き」「ちゃぶ台」「行水」「涼み台」「へっつい」の衣食住に関することばは消えていった。

　第三に人の変化、たとえば家族制度が変わり、核家族化して「隠居」「ばあや」「乳母」「下男下女」などは消えていき、職業の消滅により「おわい屋」「くみ取り屋」「万屋(よろずや)」などは消えていった。

　社会的理由の第一は、戦後、民主主義社会になり、主権在民、個人の尊重、個人の自由が唱えられ、天皇の絶対制は否定された。そこで「平民」「女中」は消えていった。

　第二に豊かな社会の出現で、高度経済成長により物質的に豊かな社会になって、

「こじき」「ひもじい」「苦学生」「浮浪児」「ルンペン」は消えていった。

　第三にボーダーレス社会の出現である。高度経済成長の結果、消費社会に移行し、従来の「まじめ」「努力」「勤勉」や男性中心の価値観や規範が崩壊し、個人がそれぞれの価値観で行動する社会になった。そのような中で「滅私奉公」「貞操」「偕老同穴」「地震雷火事親父」は消えていった。

　第四に男女平等社会の出現である。男性中心から男女対等、男女共同参画社会へと移り、「男勝り」「家人」「深窓の令嬢」は消えていった。

　言語的理由は語の新旧の問題で、従来の古い語に対して新しいいい方が出てきて、古い語は消えていく。「はばかり」「ご不浄」に対して「トイレ」、「乳当て」「乳押さえ」「乳バンド」に対して「ブラジャー」、「国鉄」に対して「JR」、「黒めがね」に対して「サングラス」など、前者が古い語、後者が新しい語で、前者は消えていった。

　言語感覚的理由は語感の問題である。たとえば、「支那」「女中」などの差別語は語感の悪さから消えていった。

11.2　俗語が消えていく理由

　次に一般語ではなく、俗語が死語になる理由を、1）若者ことば、2）流行語、3）卑罵表現、4）外国語もどきの四つを取り上げて考えてみる。

1）若者ことばが消えていく理由

　第一に戦前と戦後の比較で、戦前の男子学生語（旧制高等学校の学生語）はエリートの階層語であったが、戦後は学校の制度が変わり、また学生が増大し、特別の存在でなくなったためである。旧制高等学校の学生語「エッセン」「トリンケン」「タンツェン」「ジンゲル」「ゲル」「シャン」「ウンシャン」「ドッペる」「ゲーゲントップ」「メッチェン」「寮雨」「ろう勉」などほとんどがドイツ語由来のことばであった。旧制高等学校がなくなり、ドイツ語漬けの教育がなくなり、学生が大衆化したため、これらの語は消えていった。

　第二に若者ことばは社会のあり方、男女のあり方、出来事、ファッションなどを反映しているので、社会が変われば、それを表す若者ことばは変わり、あるものは消えていくのは当然である。たとえば、戦後、男女共学となり、女学生特有の隠語が消えた。「インハラベビー」（妊娠）「衛生美人」「エス」「シスター」「エッチ」

「エル」「電気会社の社長」(はげ頭)「ヒコページ」(顔)「マメページ」(頭) などはその例である。1960年代の学生運動の時代の若者ことばは、運動が終焉したために消えた。本書で取り上げた「ゲバ」「ゲバる」「日和る」などはその例である。1970年代後半から若者は消費娯楽社会、「楽」社会の中でことばを遊び、大量生産したため消えた。「アッシー君」「いけいけねえちゃん」「チョベリバ」「ヤンエグ」などはその例である。

2) 流行語が消えていく理由

①他者の言語意識との戦い

　流行語は若者ことばと同様、そのことばが使われなくなっても一般人に問題はない。なぜなら、なくてはならない、生活に必要なことばではないからである。はっきりいってしまえば「遊び」のことばだからである。さしさわりがあるのは流行語の作り手、タレント本人たちで、ある者は飯のタネが消えて食いっぱぐれることがあるかもしれない。

　しかし、流行語はただ消えていくのを待つのみだろうか。そうではない。流行語は二つの敵との戦い、すなわち外から来る「敵」との戦いと内に住む「敵」との戦いがある。

　外から来る「敵」とは他者の言語意識で、具体的にいうと「俗語」という言語意識との戦いである。流行語はほとんどが俗語である。ただし、流行語のうち、硬派の流行語たとえば「臥薪嘗胆」・「複雑怪奇」・「曲学阿世」などは俗語ではない。しかし、流行歌、映画、テレビ、漫画、お笑いタレントやお笑い番組、CMなどが発生源の軟派の流行語は俗語である。

　流行語は語感が幼稚・下品・俗っぽい・くだけた・おおげさ・軽い・ふざけた・誤ったなどと意識されるマイナス評価された語（いい回し）なので、一般語がもつ標準的・一般的・規範的と正反対の位置にあるため非難の対象になりやすい。「文法がまちがっている」「いい方がおかしい」「意味がさっぱりわからない」「日本語の破壊だ」「馬鹿みたい」などの若者ことば批判、流行語批判は親や文化人などの大人がする。流行語批判は若者ことば批判以上に力がない。なぜなら流行語は多くの人が受け入れて使っているから流行語というからである。

②自己の「飽き」との戦い

　このように外から来る「敵」に流行語は負けはしない。流行語はもうひとつ、

内に住む「敵」、すなわち自己の「飽き」との戦いには簡単に負ける。もともとこれらは遊びのことばであるから物のように飽きたら捨てる。新鮮みがなくなったら使わない、インパクトがなくなったら使わない。いや、そもそも捨てることができることばだから捨てる、使わない。使用者が飽きたら流行語は捨てられることばなのである。物がそれしかないなら捨てることはない。生活に欠かせないなら捨てることはない。大切だと思えば捨てることはない。ことばもそれと同様である。

例を挙げると、「KY」のように日本語をもとにした頭字語がある。「KY」(空気が読めない)、「AKY」(あえて空気を読まない)、「MT」(まさかの展開)、「DD」(大学デビューまたはだれでも好き)、「JK」(女子高校生) など、これらは臨時的造語であり、会話を楽しむための遊びであったが、それをみんなが知るところとなり、使い古されては会話の楽しみがなくなり、飽きて死語となっていく。この種の遊びのことばは寿命が短い。流行語が終わりかけた頃、おじさんたちは使い始める。先日、ある大手の住宅メーカーの建設現場に「本音のKYヨシ」という不思議な表現を見つけた。この「KY」とは「危険予知」のことだろうか。

また、流行語も使用者が飽きたらもう使わない。聞く側も聞き飽きたら相手にしない。「そんなの関係ねぇ」「ワイルドだろぉ」など芸人の流行語は長くてせいぜい1年で、一過性の流行語である。ほとんどが短期間に飽きられて消えていく。

ところで、これらKY語はなにも近年生まれた新造語法ではなく、戦前からある。たとえば海軍士官の隠語にはこの種が数多くあった。「MMK」(もててもてて困る) はその代表であることは前述した (3.1節)。「MMK」はその後、現在に至るまで使用されているKY語である。戦後の学生ことばにも「MMC」があった。これも「もててもててこまる」の頭字語である。『VAN』No. 24 (1948年10月号) に

> この慶大では今度は、海軍兵学校出身学生のみで組織されたM・M・Cなる団体が問題となり、これはMita Marien Club という右翼ファッショの地下組織と騒がれたが、実はこれが単なる同好享楽クラブで、M・M・Cとは"モテテモテテコマル"のイニシアルをとつたものにすぎぬ事実が判明し、とんだ笑い草になつたもののようである。

とある。『小説公園』(1955年1月号) に女子高生のことばとして「MMK」のほかに「IIC」(会いたくて会いたくてしようがない)、「MMC」(見ったくて見った

くてしようがない）が挙げられており、『朝日新聞』(1962年6月18日、夕刊)に男子大学生のことばとして「MMK」のほかに「MMC」(もてなくてもてなくて困る)が挙げられている。最近では1990年代に女子高校生に「MMK」は「まじムカツク切れる」や「まじムカツク殺す」などと違った意味でも使われた。このように「MMK」は80年ほど前から「もててもてて困る」や「まじムカツク切れる」や「まじムカツク殺す」など意味は違うが使われてきた。消えては現れ、消えては現れの繰り返しである。くだらないと思われる語が消えてなくならないでいる。

3) 卑罵表現が消えていく理由

人を罵る罵倒語（表現）や悪態をつく悪態語（表現）をまとめて「卑罵表現」と呼ぶことにすると、これは昔からある。中でも夏目漱石の『坊っちゃん』の中で、坊っちゃんが山嵐に悪態のことばを教えているくだりが有名である。

　　ハイカラ野郎の、ペテン師の、イカサマ師の、猫被りの、香具師の、モンガーの、岡つ引きの、わんわん泣けば犬も同然な奴とでも云ふがいゝ

ここには現代では使わない卑罵表現がある。やくざや落語の世界では残っているかもしれないが、一般人は使わない。江戸時代の助六のような悪態をつく表現は近代以降、減少し続けている。卑罵表現が貧困なのは現代的な現象である。大学生が知らないと答えた卑罵表現に「あばずれ」「ウドの大木」「おかちめんこ」「おかめ」「おたんちん」「キ印」「すっとこどっこい」「すれっからし」「旦つく」「でくのぼう」「ててなしご」「とうへんぼく」「ばいた」「パン助」「非国民」「ひょうろくだま」などがあった。いずれも俗語である。

そこで、以下に消えていった卑罵表現の俗語をいくつか取り上げてみよう。

●人三化七──化け物？

女性の顔の醜さを表すことばといえば、現代では「ブス」を思い浮かべるだろう。では、戦前は何といっていたか。明治時代なら「人三化七」といった。これを読める人がどれだけいるだろうか。『三省堂国語辞典　第七版』には「古風・俗」と注記がある。『明鏡国語辞典　第二版』や『岩波国語辞典　第七版』にも載せているが、特に注記していない。これを現代語として載せるのはどうかと思う。「人三化七」は人間の要素が三分、化け物の要素が七分というまともに見られぬ顔を

いう。なんとも強烈な表現である。

「人三化七」の例を見ると、『読売新聞』(1876年6月14日)に「此観音の境内には麦湯が盛りで人三ばけ七ぐらゐの女が否な声で『お寄なはいおかけなはい』、ナント御座がさめます。」とあり、骨皮道人『稽古演説』(1888年)に「縮緬のお羽織にシカモ開花風の束髪で人三化七兼樽柿の共進会ハチト御注意あつて然るべく様に存じました」と女性のご面相をくそみそにいっている。小峰大羽『東京語辞典』(1917年)にも出ており、東京の下町っ子の悪いしゃれだろう。戦後の例では石坂洋次郎『石中先生行状記』夫婦貯金の巻・2 (1949~1950年)に「人三化七という御面相の女だらう」と使われているが、今では消えていった語となった。

では、なぜ消えていったのだろうか。まず、全般的にいえることは、社会階層が均質化したためである。江戸時代や戦前のような社会階層がはっきりしている社会では階層の区別・差別があり、当然、見下したり、それに反発したりする卑罵表現は多かった。しかし、現代のような平等な横並びの社会、一億人が中流意識をもつ社会では本音を出さず、うわべを飾るため、卑罵表現は減る。特に社会の中心的役割を担う人々は社会から言動が監視されているため、自制し、卑罵表現は使わなくなる。「人三化七」というあからさまな強烈なことばが消えていくのは当然だろう。

次に戦後の男女平等、近年の男女対等意識から消えていったと考えられる。戦後の民主憲法のもとで、男女平等の改革が進められ、1990年代以降は、特に男女対等意識が強くなった。女性は男性中心社会に多くの「ノー」をつきつけている。男性が女性に向かっていう「女のくせに」「女の出る幕ではない」「女だてらに」「売れ残り」などの蔑視・不快語の卑罵表現の不当さを訴えている。

卑罵表現は過去、男性が主に使ってきた。女性は口を慎むべしとの考えからだった。しかし、上のように男女平等、男女対等意識が強くなり、男性は女性に卑罵表現を使うことが少なくなり、女性は逆に男性のことばをまねて、卑罵表現を使う人も出てきた。

● おかちめんこ

「おかちめんこ」は女性の顔がつぶれたような醜い顔、また、その女性を指す蔑称である。『三省堂国語辞典　第七版』に「俗」の注記があって、「器量の悪い

女。ぶす。〔女性を悪く言うことば〕」とある。しかし、『明鏡国語辞典　第二版』や『岩波国語辞典　第七版』にはこの語は掲載されていない。死語と考えたのだろうか。

　私が小学生の頃（約50年前）、母がよく「おかちめんこ」といっていたのを覚えている。しかし、ここ2、30年はほとんど聞かなくなった。

　語源は宮城県の雄勝町から産出する雄勝石で作ったメンコがぶつかってつぶれたところからきたらしい。雄勝石は黒色だから、ぺちゃんこの色黒の顔ということだろう。メンコはぶつけて遊ぶから彫った顔がつぶれて人間の顔かわからないくらいのひどい顔のことか。「人三化七」も人の顔ではない。

　「おかちめんこ」がいつから使われ始めたのか未詳だが、手元にある一番古い用例は徳川夢声『漫談集』見習諸勇列伝の巻（1929年）に「おかちめんこに到つては何んのことだか語義は解らないが、とに角さう子供から畋嗚られた先生の顔をヨクヨク見ると、成る程、うまいッ！　まさに、おかちめんこなのである。決して他の何物でもない。何う見ても、彼はおかちめんこなのである。」とある。この例は「彼」といっているので、男性の顔である。これは例外で、他の用例はすべて女性である。

　「おかちめんこ」が消えていった一般的な理由は先に述べたので置いておいて、「おかちめんこ」が顔のどういうさまを表しているのか不明なために消えていったのではないだろうか。また、6拍と長めのことばだから、あまりインパクトがないために消えていったのだろうか。

●おかめ・おたふく

　江戸時代から女性の醜い顔をあざけった語に「おかめ」「おたふく」がある。両語とももともとお面の顔を指していたが、そのような顔、またそのような女性をあざけることばになった。しかし、これらも消えていった。ただ、『三省堂国語辞典　第七版』をはじめとして国語辞典には掲載されており、「古風」の注記はないが、女性の顔をあざけることばとしてはもう何年も聞いたことがない。ただし、縁日ではおかめ、ひょっとこのお面が売られてはいる。

　さて、「おかめ」「おたふく」とはどんな顔か。国語辞典ではいずれも「おかめ」は「おたふく」と同じことを指している。丸顔で額が広く前に張り出し、頬がふくれていて、鼻がぺしゃんこの顔である。「おたふく豆」「おたふく風邪」から想

像がつくと思う。

『滑稽新聞』第19号（1901年）に「おかめ　三平二満、お多福」と説明されている。「三平二満」はサンペイジマンと読み、江戸時代の語である。おかめ＝おたふく＝三平二満というわけだ。「三平二満」はもうとっくに死語になっている。

「おかめ」も「おたふく」も謙称としても使われた。高橋義孝『随筆合切袋』女房はおかめか（1955年）に「きれいな女房を持ってゐる友人に君の奥さんはきれいでいいなあといふと、相手はどう返答するか。『なあに、あんなおかめが』とか何とかいふにきまつてゐる」とある。妻をほめられた夫が言う決まり文句みたいなものだった。

「おたふく」も同様だ。石坂洋次郎『山のかなたに』留守宅（1949年）に、戦後、もと隊長の部下だった男が隊長の家に来ていう。「隊長殿は申されました。『自分の留守宅には年ごろの娘が一人いる。此の者は、ハネツカエリのお多福で、至ってお粗末な娘であるが、お前よかつたら嫁にもらつてやつてくれんか』」

「おかちめんこ」「おかめ」「おたふく」は今や死語となって、「ブス」「不細工」にとってかわられた。「お」がつく優しいことばでは侮蔑度が低いと考えたのか、今はストレートにいう「不細工」がおおはやりである。

● おたんこなす・おたんちん

『三省堂国語辞典　第七版』は「おたんこなす」「おたんちん」を見出し語に立て、「俗」の注記をしているが、『明鏡国語辞典　第二版』は「おたんこなす」のみ見出しに立てている。『岩波国語辞典　第七版』は両語とも立項していない。これも消えていく日本語だろう。特に「おたんちん」は「おたんこなす」より早く消えていった。

両語ともまぬけ、のろま、ぼんやりしている人を罵っていうことばである。今では意味を知らない人が多い。山田詠美『熱血ポンちゃんは二度ベルを鳴らす』（1999年）に「『でしょう？　喧嘩の時の啖呵には、死んでる言葉多いんですよ』『おたんこなすとか』『おたんこって何なんですかね』」と書いている。

意味が不明のことば、語源がわかりにくいことばは消えていく運命にある。

●あんぽんたん

　顔の次に知恵の意の頭の働きがあざけりの対象になるので、以下に「あんぽんたん」「いかれぽんち」「クルクルパー」「左巻き」「ひょうろくだま」を取り上げることにする。

　『三省堂国語辞典　第七版』に「俗」の注記があり、「あほう。ばか」とある。間が抜けていて愚かなさま。また、その人を軽く馬鹿にしていうことばである。江戸時代から使われているが、最近、耳にしなくなった。語源は「反魂丹（はんこんたん）」という薬のもじりという説がある。また、「あほう」を擬人化した「阿房太郎」の訛りとする説もある。

　楳垣実（うめがきみのる）『語原随筆　猫も杓子も』（1960年）に「『ばか』の異名のアンポンタンが、『安本丹』などと書かれて、いかにも薬の名みたいな姿に装われているのも、おそらく、『阿房』と『薬』とが、むかしから縁のうすいことで有名だったためかと思う。そのためか、このことばには、ほかの異名に感じられないユーモアがある。結論から先に言うと、このことばは、アホウを擬人化した『阿房太郎』の訛りではなかろうかということになる。」と後者の説を書いている。

　「あんぽんたん」は「あんぽんたん」といわれてもそんなに腹が立たない、ユーモアがあるからかいのことばである。こういう少し優しいことばが次々に消えていっている。「あほ」「ばか」とはっきりいう時代だからである。

●いかれぽんち

　「いかれぽんち」は『三省堂国語辞典　第七版』に「俗」の注記があり、「しっかりした考えのない、軽はずみの男」とあるが、『明鏡国語辞典　第二版』『岩波国語辞典　第七版』には立項されていない。

　この語はそもそも戦後の新しい語だった。「いかれる」と関西弁「ぽんち」（坊っちゃんの意）の変化した「ぽんち」との合成語である。暉峻康隆（てるおかやすたか）『すらんぐ』（1957年）に「いかれぽんち　昭和二十年八月の終戦直後から、流行しはじめた新しいスラングである。このコトバは『いかれ』と『ぽんち』から成り立っている。『いかれ』は『してやられる』という意味で、『あいつにとうとう百円いかれちゃった。』というふうに、以前から使っていた。いかれた方は、つまり間抜けのお人よしということになる。『ぽんち』は、大阪方言で『坊ちゃん』のことをいう『ぽんち』がなまったものである。（略）どこかしら抜けているお人よしの

青年をいうには、まことにドンピシャである。」と書いている。
　戦後、この語を多く使った獅子文六は『自由学校』ふるさとの唄（1950年）に「うん、あのイカレ・ポンチ、まだ、つきあってる」と使っている。「いかれている」は今でもいうが、「いかれぽんち」はめっきり減った。なお、『自由学校』は『朝日新聞』に連載された人気小説で、映画化された。「とんでもハップン」という大流行語もこの小説から出ている。

●クルクルパー

　「いかれぽんち」のほかに、戦後の俗語に「クルクルパー」がある。『週刊朝日』（1953年9月20日号）に「近ごろは新造語が次から次へ製造されるが、新登場はこの『クルクルパー』。（略）漫才が使い始めたものらしいが元祖は不明」とある。頭（知能）が足りない、正気ではないこと、またその人をからかっていうことばである。
　私の母はよくこのことばを使っていた。人差し指を立てた右手を頭の横でクルクル回転させ、次に軽く握ってパッと開くしぐさをする。1955年当時の大学生は「クルクルパー」は「ダブルパー」ともいった。「クル」が繰り返されるので「ダブル」なのである。
　近年、「クルクルパー」はいずれの辞書も載せていない。類義の「脳足りん」や「脳留守」も載せていない。こういう頭の働きを悪くいう表現は遊び心があっても差別だということで消えていくのだろう。

●左巻き

　「クルクルパー」と同義の俗語に「左巻き」がある。つむじが左巻きの人は頭が悪いという俗説から、頭が悪いこと、またその人をあざけっていう。1955年当時の大学生は「レフトクルクル」といってふざけた。「左巻き」は戦前からあることばで、「クルクルパー」はこれをもとにしてできた。
　先日、40歳の女性に「左巻き」を知っているかと尋ねたところ、知らないと返事があった。いずれの国語辞典にも掲載されているが、死語に近づいているのは語源がわからなくなったためだろう。また「クルクルパー」同様、差別意識から使わなくなったのだろう。

●すっとこどっこい

相手を罵っていう俗語に「すっとこどっこい」がある。もと馬鹿囃子の囃子ことばである。馬鹿囃子とは東京付近で、おかめやひょっとこの面を付けて馬鹿踊りするところからついた名で、馬鹿踊りとはむやみに跳ね踊る踊りである。

「すっとこどっこい」は『三省堂国語辞典　第七版』に「俗」の注記があるが、『明鏡国語辞典　第二版』『岩波国語辞典　第七版』には立項されていない。私が子どもの頃、母に「このすっとこどっこい」といわれて怒られたものだが、腹が立たなかった。それはこの語のなんともおもしろい語感にある。決してひどく罵られているとは思えなかった。

東京生まれの女優の沢村貞子は『わたしの台所』(1981年、引用は光文社文庫)に次のように書いている。

「ほどほどに……」

むかし、東京の下町で大人が若いものをたしなめるとき——よくそう言った。遊び呆けた息子が夜更けにわが家の格子戸をそっとあけると、寝まきの母親が、

「ほどほどにしておくれ」

と、小声で言った。

おだてられて調子にのった職人が、つい声高に自慢話をはじめると、後から親方に、

「ほどほどにしろ、このスットコドッコイ」

と、怒鳴られた。

ここに出てくる「すっとこどっこい」は囃子ことばから出ただけあって、調子のいい響きがあり、職人に似合う。

だが、このことばも聞かなくなった。

●ひょうろくだま

間抜けな人をあざけっていう俗語に「ひょうろくだま」がある。まだ多くの国語辞典に立項されている。略して「ひょうろく」ともいう。「表六玉」と表記されることが多い。語源は不明。「六」は「宿六」「贅六」「甚六」の「六」と同じで人名につく数字である。また「ろくでなし」の「ろく」にかけたかもしれない。

明治時代から使われていた語で、「三太郎」もそうである。骨皮道人『滑稽独

演説』(1887年) に「大馬鹿の三太郎ヒヨットコ漂礫玉にて」と「三太郎」と並んで使われている。戦後、高見順『今ひとたびの』その二（1946年）に「しゃら臭えとか、生意気なとか、このひようろく玉とか、如何にも魚屋的の下司な捨科白を挟んで」と「魚屋的の下司な捨科白」といわれている。しかし、近年、こういう野卑な俗語は嫌われるようで、消えていく運命にある。

●やかん頭

　ここは頭でも頭髪部分についてのことばである。つるつるのはげ頭のことを「やかん頭」、略して「やかん」といった。江戸時代からあることばである。いずれの国語辞典にも「やかん」の項に出ているが、意味を知っている人は少ないし、使う者はさらに少ない。戦前の女学生隠語にはげ頭を指す俗語が多くあったことは第7章に書いた（「電気会社の社長」「アーク燈」「天橋立」「おぼろ月夜」「シャンデリヤ」「二銭銅貨」がある）。これらは狭い範囲の隠語であったので消えていったのは当然だが、「やかん（頭）」は隠語ではないのに消えていった。昔の学校にあったようなつるつるの丸いやかんはあまり目にしなくなった。電気湯沸かし器のポットが増えて家庭にはほとんどなくなってきたからだろうか。ますます「やかん（頭）」は通じなくなった。

●逆　蛍

　そのほか、つるつる光るはげ頭をからかっていう俗語に「逆蛍（ぎゃくぼたる）」がある。尻が光る蛍とは逆に頭が光るからいうしゃれである。『東京語辞典』(1917年) に「ぎゃくぼたる（逆蛍）『やくわんあたま』に同じ」とある。最近の例では、谷恒生『闇呪』第1章3（2000年）に「逆ボタルの幸さんは命をねらわれっぱなしで」と使われている。

　この語は国語辞典には掲載されていない。蛍を見ることがほとんどできない今、このたとえは通じなくなってきているからだろうか、この語は消えていった。

●骨皮筋衛門

　体型についてもあざけりの俗語がある。小学生の頃、やせっぽちだった私は「ほねかわすじえもん」とからかわれた。私の名前の「よねかわ」と似ているため、余計に受けた。骨と皮ばかりでおもしろい俗語である。

この語も国語辞典には掲載されていない。『社会ユーモア・モダン語辞典』(1932年)に「骨皮筋衛門(ほねかはすぢゑもん) 痩せた人の形容」とある。しかし、最近はまったく耳にしなくなった。昔はやせっぽちが多かったが、近ごろは肥満の小学生も多く、食生活の違いからやせっぽちは減った。やせっぽちは「がりがり」という程度で、人名になぞらえたからかいのことばではない。同様の意で「蚊とんぼ」という語もあったが、これも消えていった。

以上、人を罵ることばは俗語中の俗語といえる。これらが消えていった理由は第一に社会階層が均質化したからである。社会階層がはっきりしている社会では卑罵表現は多いが、横並びの社会では本音を出さず、うわべを飾るため少ない。「人三化七」などはその例である。

第二に男女対等意識が強くなったからである。「よろめき」などがその例である。

第三に語源が不明になったからである。「あんぽんたん」「いかれぽんち」「おかちめんこ」「おかめ」「おたんこなす」「おたんちん」などがその例である。

第四に差別を避ける意識が生じたからである。「かまぼこぶす」「共同便所」「クルクルパー」「すっとこどっこい」「脳留守」「骨皮筋衛門」「やかん頭」などがその例である。

4) 外国語もどきが消えていく理由

外国語もどきの遊びのことば「オストアンデル」「スワルトバートル」や「サイノロジー」「テイノロジー」「ヨタリスト」「アルキニスト」「ナオミズム」「ウンチング」「ギョッティング」などが消えていった理由は、第一に外国語が未知の、あこがれの言語であった時代の産物が今はそうではなくなったからである。歴史的にいえば高等教育の大衆化が進み、外国語を習い、外国に自由に行ける時代になった。消えていった第二の理由は、これらを造り出したのが多くは学生たちで、おもしろさをねらった遊びの造語であったからである。

おわりに

　俗語についていろいろな角度から述べてきた。最後に「ことばの乱れ」との関連で俗語を考えてみたい。

●誤用の拡散
　「ことばの乱れ」「ことばの誤用」を指摘し、それを嘆き、将来の日本語を心配する（そぶりを見せる）ことは、いかにも文化人・知識人らしい。しかし、世間の常識と違って、言語学者・日本語学者はこういう人たちの意見に賛成する人は少ないようで、むしろ嫌悪感さえ覚える人もいるくらいである。
　40年近く前に、劇作家の宇野信夫が「ことばの乱れ」について次のような文章を書いている。

> 最近とみに言葉が乱れてきたと言われる。その通りだと思うが、あまり言葉とがめをすると、昔者とけなされるおそれがあるので、あまりそれには触れないようにつとめているけれども、目にあまる——イヤ、耳に非常に不快をおぼえる言葉をきかされるので、つい口を出したり、物に書いたりしてしまう始末である。しかし、何ごとも時の流れにはうちかつことができない。（中略）時の流れ、多勢に無勢というのは、言葉にも適用されることで（後略）（『しゃれた言葉』1981年）

「言葉とがめ」だけなら嫌悪感を覚えるが、右の「時の流れ」や「多勢に無勢」の考えなら受け入れられるだろう。宇野は、「時の流れにうちかつことができない」ことを次のような昔の小咄を引いて述べている。江戸の昔、蔵前の札差で18大通といわれる18人が脇差しを左に差すのはありきたりだから、逆に右に差してやろうと、18人そろって右に差して江戸市中を押し歩いた。はじめのひとりを見た武士が馬鹿な奴もいるものだと思ったが、次の奴も、次の奴も——と見ているうちに、あわてて「拙者ちがった」と差し変えた。
　宇野は続いて次のように述べている。

> 言葉もその通りで、誰も彼も間違った言葉をつかっていると、正しい言葉の

方が間違っていると思われるようになる。そして、正しい言葉をつかっていた人も、知らず知らず、間違った言葉をつかうようになってしまうものだ。

誤用が生じた場合、言語学者は合理的な理由を見つけ、説明しようとするが、合理的な理由が常にあるとは限らない。そしてあっという間に誤用が広がっていく。逆に「正しい」語形・意味・用法が少数派の「変なことば」になっていく。そしてだれも間違っているといわなくなる。その具体的な例を挙げてみよう。

あなたは「着替える」をなんと読むだろうか。NHK放送文化研究所が1998年に行った第9回ことばのゆれ全国調査（1999年報告）ではこれを尋ねている。それによると、キガエルが91％、キカエルが8％だった。ところが、1965年のNHKの放送用語委員会では「『キカエル』を標準的な発音と考えるが、『キガエル』も第2として採る」と決定している。50年以前では、キカエルが標準とし、キガエルも認める程度であった。しかし、その後、キガエルは増え、キカエルといわなくなった。『岩波国語辞典　第七版』は「きかえる」を見出しに立て、「名詞形『きがえ』に引きずられてか、『きがえる』と言う人がふえて来た。」と書いているが、増えてきているどころか、ほとんどの人が「きがえる」といっているのが現状である。

宇野は先の文章に次のように書いている。

　そのいちじるしい例が、「きかえる」という言葉である。この頃は殆ど、「着物をきかえる」とは言わない。「きがえる」と濁って言う。テレビは勿論、この間も歌舞伎の役者まで、舞台のセリフで「きがえる」と言っていた。「着物をきかえる」と言うと、今では間違った言葉と思われるようになっている。

そして今、私のゼミ学生に尋ねると全員がキガエルだった。彼らはキカエルを奇異に感じていた。おそらく、ら抜きことばを非難する人たちでも、キガエルと濁っていっているだろう。俗語は言語意識の問題であるので、多数派になれば間違っているという意識は消えていくため、俗語ではなくなる。

誤用は文化人・知識人の心配をよそに、どんどん進んでいく。「以前はそんな使い方はなかった」といって抵抗感を覚えるが、どうしようもない。明治時代に信州の方言の「とても」（肯定文に使用）が東京の学生によって東京に持ち込まれたとき、従来の否定文に使用する「とても」（「とてもかなわない」など）と違うといって、誤用、俗語扱いされた。柳田國男（やなぎたくにお）は新用法の「とても」が嫌いだ

った。しかし、大正から昭和にかけて新用法は広まり、「トテシャン」(「とてもシャン」の略で、とても美人の意)のように略されても使われた。そして今では肯定文に使うのが当たり前のこととなった。

　誤用ではないが、『朝日新聞』の天声人語（1991年9月5日）が「あるんです」「なんです」、文末の「なのでは。」「すべき。」を気になることばとして取り上げ、結論部に次のように述べている。

　　気になる人を無視し、かなりの速度で言葉や言葉遣い、また言葉をめぐる環境は変わってゆくものらしい。そういうものの消長はかなりの程度、大勢の人が使う過程にまかされているかのようだ。

これは妥当な観察で、そのまま誤用の拡散にもいえる。

　ところで、文化人・知識人が誤用の指摘をするが、彼ら自身でさえ、誤用する。明治時代、文語文が規範文体であったが、間違いなく書くことはむずかしかった。教育勅語の「一旦緩急あれば」は「あらば」の誤りであるというのは有名な話である。大宅壮一が中学2年生のとき、誤りを指摘して先生に叱責されたことを日誌に書いている（1916年9月7日、引用は中公文庫『青春日記（上）』）。

　　漢文の時間読本に「あらば」とすべき送り仮名が「あれば」とついていた。早速僕は先生にいってこれを正し序に「教育勅語に『一旦緩急アレハ』とあるのも間違いではありませんか」と訊いた。僕には十分の自信があった。得意になっていったのだ、すると豈計らんや先生は「勅語は天皇親ら作られるのではない。そしてその中には誤りもあろう。併し我等はそれを兎や角いうものではない」と却って散々小言を頂戴した。

学者でさえ誤用したなら、一般庶民はなおのことである。文語文のむずかしさがことばの混乱・誤用を招いたといえる。

　文語文のようにそれ自体がもつ難解さばかりでなく、どのようにも解釈できる曖昧さが誤用の拡散につながることもある。その例が「一姫二太郎」である。NHK放送文化研究所が1993年はじめに行った第7回言語環境調査（1993年報告）でこれの意味を質問している。正答は一番目に女の子、二番目に男の子が産まれることが育てやすい、理想だということとして、正答は56.1％にすぎなかった。しかし、これには異説がある。池田弥三郎は次のように述べている（『婦人生活』1971年6月号）。

一姫二太郎というのは、一番目が女の子で、二番目三番目が男の子である場合をいうのだと思っていた。つまり、子どもは三人で、順番は女・男・男というのがいいのだということをいっているのだと思っていた。(略) ところがこれには異説があって、女一人男二人ということは変わらないが、それは順番について言ったものではない、という説があり、さらに、いやそうではなく、一番目が女、二番目が男をいうのだという説もある。しかし、男尊女卑の昔に、順序をいっていないのに姫を先に持ち出すのも少しへんだし、また、子どもが二人というのもちょっと解せない。だからわたしは、女・男・男という順序と数とを兼ねた言い方だという説を変えていない。

池田の説を含めて3種の説がある。この語がもつ曖昧さが「正答」以外の誤用をいろいろ生んでいくのである。

●ことばは人のためにある

いつの時代にも若い人たちの従来の用法や意味を変えたことばや新語は「変だ」「間違っている」「ことばの乱れだ」「俗語だ」と、やり玉に挙げられる。その中には一時的なことばの使用にとどまるものもあれば、「正しい」日本語の中に定着するものもある。それはその当時には判断できず、振り返ってわかることである。また、間違いでもなんでもないが、外来語を使うと非難のことばが投げつけられる。「本来の立派な」日本語があるにもかかわらずというわけである。

しかし、人が使うことばはプログラムされた機械が使うのとは違う。そこには合理性や遊び心や誤り、さらには社会の価値観などさまざまな事柄が働いて変化が生じる。その際に知っておくべきことは、「ことばのために人がある」のではなく、「ことばは人のためにある」ということである。これは以下のようにいくつかの意味を含んでいる。

①人はいろんな意味で使いやすいようにことばを変える自由をもっている。「ことばの使いやすさのため」である。それは既存のことばに何らかの不満やもの足りなさを感じているためである。たとえば発音のしにくいことばは発音しやすいように変える。一度造ったことばに変化を加えてことばを豊かなものにし、また、新たなことばを造ったり外国語から取り入れたりして語彙を豊かなものにしようとする。その際、ニュアンスや語感が重要な要因となっている。

略語はいいやすさのためにできたことばである。業界用語の多くは仕事の効率

化のためにもとのことばを省略している。また、若者ことばは会話のテンポをよくし、省略によって生じるおもしろさのために略語をよく使う。たとえば「気持ち悪い」を「きもい」、「むずかしい」を「むずい」、「中途半端」を「パ」、「サラリーマン」を「リーマン」などがある。

②人は造ったことば自体が初めからもっている誤読のおそれ、意味の解釈の幅の広さなどのゆえにことばを変える。「ことばが内包する要因のため」である。人はことばを定義した通り機械的に使うわけではない。ことばにいい意味の曖昧さや自由があるため、結果的にことばを変えてしまう。①が意図的な変化ならば、②は非意図的な変化である。これもことばは人のためにあるということである。

2004年1月に行った文化庁の「国語に関する世論調査」に意味の理解についての質問がある。その中に高齢者より若者の方が正解率が高い珍しい例として「憮然」がある。「憮然」の意味（失望してぼんやりしている様子）を正解した人は全体で16.1％と少数であったが、正解率は10代後半の若者の方が高齢者よりも高かった。前者が34.9％に対して後者が19.1％であった。これはどういう事情か不明だが、「憮」の意味がわからず、「憮然とした表情」といういい方に腹を立てた表情を思い浮かべたのであろうか。次に「姑息」の意味（一時しのぎ）を正解した人は全体で12.5％と少数であった。60代以上の高齢者は「ひきょうな」と解した人が54.7％、正解者が19.6％に対して、10代後半の若者は「ひきょうな」と解した人が78.3％、正解者が7.5％と開きがある。「姑息な手段を使いやがって」などと使われているため、誤って「ひきょうな」と解釈したのであろう。

一般に漢語は難解で文章語であり、また古いことばであるため、若者にはなじみがない。それゆえ、正解率が低いのはわかるが、高齢者も同様に正解率が低いということは、その語を構成している各漢字の意味（訓読み）がわからないためであろう。これが変化の要因となる。

しかし、漢語でもよく耳にし、各漢字の意味もわかりやすいのに、意味がわからない語がある。「未明」は「夜がすっかり明けきらない時分」の頃で、NHKでは「午前0時から3時頃まで」を指す。NHK放送文化研究所の平成15年度「ことばのゆれ」全国調査（2004年報告）によれば、60代以上は午前3時～4時を指すのが最も多く、23％、ついで4時～5時が18％に対して、20代は0時～1時が15％と最も多い。年齢が上がるほど時間が下がる。「未明」という語自体（漢字から推測される意味）がもつ幅の広さ、曖昧さがこの結果になったと考えられ

る。

③人は類推によってことばを変えることがある。意味の変化は多くの場合、連想による類推にもとづくが、それは人ゆえに誤った類推もあれば、正しい類推もある。いずれも人の自由な働きによる。

語形がゆれていることばに世代差がある例が多い。「大地震」の読みについて、伝統的な読みは「オオジシン」で、放送でもそういっている。NHK放送文化研究所の全国調査（1995年）によれば、60代以上は6割半ばが「ダイジシン」であったのに対して、20代の若者は9割強が「ダイジシン」であった。いずれにしても「ダイジシン」が多いが、若者ほどその率は高くなっている。音読みの「地震」が下についているので「ダイ」としたのはむしろ正常な類推である。

先の文化庁の調査の結果によれば、「十匹」と「三階」の発音に世代差があった。「十匹」を「ジッピキ」と発音する人はどの世代も少ないが、高齢者と若者では開きがある。60代以上は38.2%に対して、若者が14%前後で3分の1程度に減っている。「十」は普通「ジュウ」と読むため、「十匹」も類推して「ジュッピキ」と発音したと考えられる。また、「三階」は従来「サンガイ」と濁って読む。60代以上は「サンカイ」はわずか22.6%で、「サンガイ」が75.4%と多数である。10代後半の若者では逆に「サンカイ」と澄んで読む人が61.3%と「サンガイ」の2倍近くいる。「サンガイ」から「サンカイ」へ変化してきている。これは「一階～十階」は「三階」を除けばみな「～カイ」と発音するため、それにつられて「三階」も「サンカイ」と発音したものと思われる。

若者（といっても最近は40代の人でも使用）は「一個上」「一個下」のように年齢がいくつ上か下かというとき、「歳」を使わず「個」を使う。年齢を「ひとつ」とか「みっつ」というふうに数えるため、個数の考えの類推から広まった。高齢者は使わないが、中年世代で使う人がいることを考えると、近い将来、一般化するであろう。ことばの幼稚化の一つの例ともいえる。

④人は自分で造ったことに縛られるのを嫌い、自由でありたいと願う。これはことばについてもあてはまる。特に若い世代は心理的にそれを求める年頃であるため、余計に次々と新奇な意味・用法でことばを使い、また新たに造っている。「規範からの自由のため」である。ことばは人のためにある。

若者ことばの多くがこれに当たる。若者は規範から自由になることを求め、ことばの規範からの自由も求める。これは青年期心理の現れであるから、いつの時

おわりに

代にも起こることであり、いつの時代にも上の世代からは「ことばの乱れ」と批判される。青年期の所産ゆえに一過性のものであるが、数多く、かつ目立つために影響は大きい。

　副詞「全然」は本来、肯定形と共起していたが、明治末から昭和にかけて否定形とも共起するようになり、戦後、昭和20年代半ばにまた肯定形と共起し、近年、特に若者の間では強調語として用いられている。たとえば「全然いい」「全然大丈夫」「全然おいしい」など、好ましい状態を述べる性質を強調する。しかし、60代以上の人の許容度はかなり低い。これ以外に「全然」は否定的な語（特に「違う」「だめ」）とも共起する。この「全然」について当の若者はどう思っているのか。『朝日新聞』（2003年1月21日朝刊、大阪本社）の投稿（32歳女性）に次のように書いている。

　「全然いいよ」。私たちが日常的に使っている「全然」という言葉。母は「全然」とは、本来、「全然違う」のように否定的に使うべきで、若い人の使い方はおかしいと言う。「全然大丈夫」など、確かに肯定的な使い方をしていることが多い。辞書を引いてみた。「その事柄を全面的に否定する意を表す」とある。だが、「俗に、否定表現を伴わず、『非常に』の意にも用いられる」ともある。だが、私にはどちらも何だか違う気がする。いつも使う「全然」を、別の言葉に置き換えるなら、「そんなことないよ」が、一番しっくりくる。例えば、友だちと買い物に行った時、「この服、変かな」と聞くと、友達の答えは「全然、かわいいよ」という具合だ。相手の言葉を否定したようで、肯定している感じだ。「全面的な否定」でもなく、「非常に」というほどの強い意味もない。

　この女性のいうような意味なら、微妙なニュアンスが含まれている若者の新たな用法といえよう。だからこそ新たに使用したのであって、意味なく誤用したのではない。彼らは既存の意味や用法に縛られず、自由に発想し使用する。

　⑤社会一般の価値観・世相などがことばの変化の要因となることもある。「社会変化のため」である。現代のような消費ー娯楽社会では、ことばも消費と娯楽の対象となり、ことばで遊ぶのはもちろんのこと、ことばを遊び、使い捨てにするようになった。それゆえことばは自己表現のファッションのようになっている。これもことばは人のためにあるということである。

　社会の価値観・世相は造語やことばの変化にも影響する。

接尾辞「的」の使い方が変わってきている。「わたし的には」「僕的には」「優希的には」「先生的には」などのように代名詞・人名・職業名などにつけて「〜としては」の意味で若者を中心に使われている。文化庁の調査（2000年）によれば、「わたし的にはそう思います」は特に10代後半によく使われているという（42％）。『朝日新聞』の天声人語（2000年5月25日朝刊）に次のように書かれている。

「ぼかし言葉」が広がっている、と文化庁が国語調査の結果を公表した。「わたし的にはそう思う」「とても良かったかな、みたいな…」のたぐい。「自分が間違ったときに傷つかないよう、断定を避けて、ぼかす」というのが文化庁の解析だそうだ。

責任回避、御身大切の傾向が強い世の中、また人間関係の摩擦を避ける若者から考えれば、当然の結果である。しかし、上の世代には受け入れがたい表現であろう。『朝日新聞』（2003年1月21日朝刊、大阪本社）の投稿（63歳）に次のように書かれている。

テレビを見ていたら、インタビューに応じて若い男性が「僕的には」、女性は「私的には」と答えていました。初めて聞き、何となく変だと感じました。「僕は」「私は」と断定しないのだろうかと釈然としません。

漢語で、学術的なことばによく使用される「的」がこんなふうに俗に、曖昧に使われるとは価値が逆転したといえる。日本社会が1980年以降、価値観が多様化し、その人がよければ「なんでもあり」の時代になり、若者ことばの使用にもこんな現象が現れたのである。

また、近年よく耳にする「〜じゃないですかあ」は若者、特に女性が使っている。『朝日新聞』（2001年11月17日朝刊、大阪本社）に投稿した女性が、テレビのアナウンサーが「家が木とかしてるじゃないですかあ」と話したことに「聞いた途端、全身がピリピリするほど嫌な気分になった」と書き、「品のない厚かましさを感じる」とまでいっている。私は「自己チュー」の世の中の風潮を表した表現と見る。相手との情報・知識の共有を前提とせずに、いきなり使用し、かつ同意や共感を一方的に求める話し方である。しかも本人は摩擦を避けた表現と考えて使っている。自己中心の世の中に慣れている若者は自分たちの話し方が普通で、相手が不快に思っているとは少しも思っていない。

これ以外にも変化の要因はあるが、個々の事例から特定できない場合が少なからずある。

● 覚えておきたいことばの三箇条
　俗語はそのネーミングから批判され、また理解されないために、それを使用する人は軽蔑されたり拒絶されたりすることもあった。しかし、このことばに対する態度は非常に傲慢である。そこで最後にそこから解放されるために覚えておきたいことばの三箇条を記す。
　① 自分のことばがいつも正しいと思うな
　「夜ご飯」という若者が多い。一般には「夕ご飯」「晩ご飯」「夕はん」「夕めし」「晩めし」という。『明鏡国語辞典　第二版』に見出しが立てられ、「比較的最近使われるようになった語で、違和感をもつ人も多い。」と書いている。「夜ご飯」は、はじめ変ないい方だと思っていたが、語彙体系から見ると、合理的だと気づいた。「朝ご飯」「昼ご飯」があるのだから、「夜ご飯」があってもいいのだが、今まで語彙の穴があった。それを埋める形で登場したことばである。同様に「朝めし」「昼めし」があるが、「夜めし」がなかったので新たに「夜めし」が登場した。先日、30歳を少し過ぎた男性が「夜めし食べに行こう」といっていた。これはまだ広まっているとはいえないが、やがて普及するのではないだろうか。
　自分のことばがいつも正しいと思っていると、違ったいい方を嫌悪したり、見下したりすることがある。そんな自分を戒めるために、「自分のことばがいつも正しいと思うな」を覚えておきたい。
　② ことばは人のためにある
　これはすでに述べたので繰り返さない。
　③ ことばは通じ合うために使う
　コミュニケーションを成立させるために根底になければならないのは「通じ合うために」という心をもつことである。これは単に「伝え合う」とは違う。また意味が通じるということでもない。これは相手を理解したい、相手からも理解されたいという心である。
　現代、面倒なことはできるだけ避け、楽に過ごそうとする社会の風潮の中で、コミュニケーションもそうなりがちであるが、それでは決して「通じ合う」ことはできない。理解し、理解されるためには努力や強い意志や自己中心ではないへ

りくだった心が要求される。

　ことばは、それがどんな言語であろうと、「通じ合うために使う」ということを覚えておきたい。相手を理解し相手からも理解されたいと思うとき、相手に対することばづかいに細心の注意と敬意を払い、寛容な心を抱くようになる。ささいな違いにこだわらず、独りよがりにならない。

　以上をまとめるなら、「何事でも利己心や虚栄心からするのではなく、へりくだって、互いに相手を自分よりも優れた者と考え、めいめい自分のことだけでなく、他人のことにも注意を払いなさい。」（『新約聖書』フィリピの信徒への手紙２章３節、新共同訳）となる。

読者のための参考書─俗語に関する拙著

『明治大正新語俗語辞典』東京堂出版　1984
『新語と流行語』南雲堂　叢書・ことばの世界　1989
『Beyond Polite Japanese』（英語ペーパーバック）　Jeff Garrison 訳　講談社インターナショナル　1992
『女子大生からみた老人語辞典』（編集）　文理閣　1995
『現代若者ことば考』丸善　丸善ライブラリー　1996
『若者ことば辞典』東京堂出版　1997
『若者語を科学する』明治書院　1998
『読んでニンマリ　男と女の流行語』小学館　小学館ジェイブックス　1998
『集団語辞典』（編集）　東京堂出版　2000
『業界用語辞典』（編集）　東京堂出版　2001
『明治・大正・昭和の新語・流行語辞典』三省堂　2002
『日本俗語大辞典』（編集）　東京堂出版　2003
『これも日本語！あれもニホン語？』NHK出版　2006
『集団語の研究　上巻』東京堂出版　2009
『俗語発掘記　消えたことば辞典』講談社　講談社選書メチエ　2016

語彙索引

ア

アーク燈 97, 153
あーた 10
アーチ 72
アートネイチャー 10
あーね 106
アーパー 69
アーメンさん 10
IIC 145
愛人28号 11
アイス 69
あいつ 70
あいつき 54
アインス・ツバイ・ドライ 96
アウタガール 85
アウツ 74
あおかん 67
青バスガール 85
青文字系 140
垢 106
赤貝 66
あがく 51
赤ゲット 70
赤提灯 24, 72
赤チン 24, 72
赤点 24, 72
あかねこ 120
赤鳩 44
アカハラ 67
赤文字系 140
赤ランプ 119
上がり花 33
赤煉瓦 44
あかんたれ 57, 68
商い 31
秋葉系 107, 140
アクセンタム 39
あけおめ 74, 105, 107
あけっぱなす 12
あけっぴろげる 12
あごとり 121
朝一 5, 27
朝シャン 27

朝っぱら 9
あざとい 57
朝ドラ 72
朝ぼけ 50
あじさい 97
アジャパー 73, 89
あじゃらしい 57
アジる 53
あすこ 4, 12, 74
汗 33
遊んでる系 140
あた 57
あたい 70
あたし 4, 12, 70
あたじけない 58
あたぼう 9
あたま 69
あたり 118
あたりがね 33, 72
あたりき 58
あたりきしゃりき 9, 25, 73
あたりばこ 33, 72
あたりばち 33, 72
あたり棒 33
あたり前田のクラッカー 11, 37, 73
あたりめ 33, 72
あちい 74
あちゃら 10, 74
暑い 67
熱い 107
あっし 70
アッシー君 70, 144
あったかい 12
あっためる 12
あっち系 140
あっちゃこっちゃ 74
あっちゅうま 74
アッペ 112
後足 121
アナウンサー 97
アナカン 114
アナドル 69
あにい 65

あねき 65
アパートガール 85
アバウト 71
あばずれ 67, 68, 146
アブ 68
あぶない 107
油揚げ 46
あぶらっけ 12
あへあへ 10
あほ 57, 69
あほ毛 66
あほたれ 69
アボる 41, 112
アポる 41, 112
甘栗 97
甘しょく 97
甘ちゃん 68
アマチョコガール 85
甘ったれる 9
天橋立 153
網打ち 121
阿弥陀経 30
アメ公 22, 70
アメちゃん 23, 70
アラサー 65
アラフォー 65
アララー 36
アリエッティ 102
ありがとさん 2
有久 117
ありござ 74
ありのみ 33, 72
アリヨール 39
アルキニスト 40, 154
アルトクラシイー 39
アルハラ 67
泡般若 30
あわや 7
アンクルム 39
安心してください、はいてますよ 93
あんた 4, 70
あんだけ 12
あんだら尽くす 57
あんちくしょう 10

あんちょこ 72
あんとき 74
案内ガール 85
あんなん 74
あんぱん 72
あんぽんたん 150, 154
按摩 123
あんまし 74
あんまり 12
あんれまあ 25

イ

いいかげんにしろくろテレビ 25
いい子ぶりっ子する 67
いい年こいて 59
イエーイ 73
いか 49
いかす 18
行かず 70
いかほど 49
いかれぽんち 69, 150, 154
イカをきめる 124
イキアタリバッタリズム 40
イキムトーヘーデル 26, 39
いく 10
いくらちゃん 117
イケ 12
いけ〜 57
池 12, 67, 106
いけいけ 67
いけいけねえちゃん 144
いけしゃあしゃあ 57
いけ好かない 57
イケメン 66, 67, 107
逝け面 106
いしい 133, 134
石部金吉 68
以心伝心 97
痛い系 140

語彙索引

いたこる 53
いただきマンモス 25
イタ電 107
板張りガール 85
イタめし 72
いちきゅっぱ 24
イチコロ 4
一番地 119
一姫二太郎 157
一万両 10, 25
一輪挿し 44
一六銀行 24, 72
いちんこ 74
一個上（1コ上） 7, 80, 160
一個下 160
いっちゃってる 107
いっちゃん 74
一対 97
いってら 103
イットガール 85, 86
イットシャン 66
一発 72
一発する 10
一発やる 6, 107
いつメン 106
いてこます 57
糸へん 72
いなかっぺ 70
いなかもん 70
イヌ 63, 69
犬の卒倒 36, 73
今からでも遅くはない 89
今っぽい 72
今でしょ 89, 93
今戸焼き 67
今に見て（い）けつかれ 22
今に見て（い）さらせ 22
今に見て（い）され 22
今に見て（い）やがれ 22
いま百 73
いまんとこ 74
イミシン（意味深） ii, 72
いも 70
いもすけ 70
芋俵 67
いもっぽ 70
いもねえちゃん 70
癒し 92

癒し系 139
いやじゃありませんか 83
イレズミガール 85
色ち 72
いろんな 12
インキ壺 142
隠居 142
因縁おやじ 68
因縁ばばあ 68
インチキ 75, 77
インテリゲンチャ 97
淫売 69
インハラベビー 143
印未 16

ウ

ウィキ 105
ウーピーガール 85
ウーマン 97
ウエット 112
上出る 97
ウォークガール 85
ウォーター系 69
うかんむり 121
ウグイス 44
うざい 34, 69, 71, 99, 107
ウサギ 15
うざったい 34, 107
牛の爪 121, 123
ウスケ 72
薄化 53
うすのろ 10, 69
うすらばか 69
うせろ 22
うそつけ 22
うち 70
内の奴 70
うちんち 10, 24, 74
うつ 54
うっせえ 9
うっとい 35
ウッヒャー 73
ウッヒョー 73
ウテシ 125
ウドの大木 146
乳母 142
ウハウハ 11, 69, 73, 89
ウヒャー 73
ウヒョー 11, 73
ウホ 125
うまい 134
ウマタケーキ 56

馬づら 63
馬の爪 121, 123
梅干し 97
梅干しばばあ 65
ウヤ 125
裏スジ 125
売り 67
ウルウル 6
ウルトラ（～） 34, 73
ウルトラガール 85
ウルトラC 90
ウルトラハイミス 70
ウルルン 6
うれちぃ 74
売れ残り 70
うれぴー 69
ウロ 112
うろこちゃん 117
うんこ 10, 23
うんこ座り 29
ウンシャン 22, 66, 143
うんち 23
ウンチ 125
運ちゃん 69
ウンチング 23, 154

エ

エアガール 85
衛生美人 22, 67, 97, 143
エイチ 135, 137
AM 16
AKY 145
ACDC 114
エースコック 43
AD 45
ABC 114
Aライン 98
江川る 53
エキストラガール 85
エキストラ 112
エグゼ系 141
エケチット 74
えげつない 57
エス（えす、S） 38, 70, 135, 143
SE 45
SF 107
エッサッサ 24
エッセン 95, 112, 113, 143
エッチ（H） 23, 38, 135, 143
エッチする 6, 67, 107,

136
Hライン 136
エッチラオッチラ 6
エテ公 63
エデマる 41
n.p. 112
エヌル 41
エビ 46
えびすこきめる 123
エビラン 28
FI 45
FM 16
FD 45
エマ訓 114
エミる 41
エム（M） 38, 66, 67
MMK 38, 145
MMC 145
MT 145
えら 66
エル（L） 38, 70, 144
LB 16
エルプレ 112
エレガ 69
エレベーターガール 85
エロ 75
エロい 71
エロおやじ 68
エロガール 85
エロきち 68
エログロガール 85
エロシャン 66
エロっぽい 73
エンゲルスガール 85, 87
えんこう 54, 72
エンスト 27
エンタクガール 85, 87
エントラッセン 112, 113
遠方 32, 117
えんま帳 72

オ

おいしい 133
おいぼれ 65
嘔吐 112
王無棒 56
おH 136
OL 19
大きいことはいいことだ 83
大きいの 7

語彙索引

オークションガール 85
大蔵大臣 24
オーケー 18
オーケーガール 85
OK 牧場 2
おおちょぼ 56
オード 29
大猫 15
OB 112
オーベー 112
オーベン 112
オーライガール 85
オーライ芸者 67
オールする 67, 107
オールドミス 26, 37
オールドミス 70
オールボー 106
オールメン 106
おか 54, 105
お菓子系 140
おかず 134
おかちめんこ 21, 67, 146, 147, 154
オカチンガール 85
オカマる 41
お釜を掘る 67
おかめ 22, 67, 146, 148, 154
お軽 124
置き去り 104, 107
おきゃあがれ 58
億ション 72
奥の院 66
おけ 105
お化粧シャン 66
おこ 102, 105
おし 120
お地蔵さん 97
オシメン 103
お下屋敷 23
オシャクガール 85
お邪魔虫 23
おじゃん 72
オシャンティー 102
おじん 65
オジンケル 27
おす 97
オストアンデル i, 26, 39, 154
オストデール 26, 39
おせち 48
遅かりし由良之助 73
おそパタ 114

おそばを作る 46
おそろ 72
おたおめ 106
おたふく 22, 67, 148
おたまじゃくし 24, 72
おたんこなす 149, 154
おたんちん 58, 69, 146, 149, 154
おちび 23
お茶する 107
お茶の子さいさい 1
オチローゼ 26
おっ〜 73
おつ(乙) 105, 106
おつあり 103
おっかあ 12
おっかぶせる 9
おつかレンコン 25
おっきい 9
おっしゃられる 74
おっそろしい 6
オッチェン 26
オッチョコチョイ 6
追っつく 5, 12
おっぱじめる 67
おっぴろげる 10, 59
オッペケペー 90
お局 70
お手上がり 124
おてこ 124
おでぶちゃん 23
おでん 134
お天気 124, 125
男勝り 143
乙女チック 72
踊り子 14
踊る 46
鶯き桃の木山椒の木 73
おなら 10
おなり 117
鬼ばばあ 68
お荷物 118
オニュー 72
お上りさん 70
おのれ 70
おはあり 103
お化け 118
おばはん 65
お春 121
おばん 65
オバンケル 27
帯 46
お姫様 118

おひや 134
おひやし 134
オフィスガール 85
オフ会 107
おふだ 122
オペ 112
オペチョコガール 85
おペメン 106
覚えていろ 58
おぼろ月夜 153
おまえ 70
お前の母ちゃんでべそ 63
おまえんち 24
おまん 134
おみかん 97
おみこし 66
お水 69
お宮 121
お宮入り 121
オム 28
おもてなし 93
おやあり 103
オヤジ 125
オヤマカチャンリン 88, 90
おやまこ 51
orz(オルツ) 101
おれんち 10
おわい屋 142
オワタ 104
オンスケ 114
温泉マーク 72
追ん出す 5, 12
音痴(オンチ) 96, 97
おんなし 5
おんなたらし 67

カ

カーゴ 115
カードガール 85
〜ガール 84
がいおく 54
害者 35
かいた 45
外タレ 35, 45
外套の破れ 44
戒名 120, 121
偕老同穴 143
カウンタガール 85
顔でぶ 67
顔負けする 88
かかあざえもん 70
餓鬼(がき) 10, 23, 65

がきんこ 23
がきんちょ 23, 65
楽隊 31
gkbr(ガクブル) 101
学ラン 72
欠け徳利 55
がさ 35, 54
がさいれ 121
風見の烏 55
家人 143
臥薪嘗胆 17, 144
がしんたれ 57
ガス 67
春日 70
春日様 54
ガス欠 72
上総道 124
カステラ 43, 44
俄然(がぜん) 75, 89
ガソリンガール 85
かたい 45
片思い 11
かたこ 51
ガチャガチャ 29
がちゃ目 66
ガチョウ 44
ガチョーン 73, 89, 90
カチン 29
カチンコチン 6
喝 35
かつあげ 67
がっちり 89
がっつく 9
がっつく系 140
がっつり 82
かってにシロクマ 26
勝手にしろくろテレビ 38
かっぺ 70
かてきょ 69
ガテン系 141
かとんぼ(蚊とんぼ) 67, 154
かなぐつ 30
かなピー 69
かねも 35
ガバチョ 72
かはらぶき 33
下半身でぶ 67
カフェガール 85
カフェる 41, 53
カフカ全集 11
蒲鉾 123
かまぼこぶす 67, 154

かまる 51
剃刀 30
神ってる 102
髪長 33
かむ 107, 122
カムコリン 39, 39
カメ 121
がめつい 60
カメリハ 16, 35, 45
カメレス 103
かもじ 134
可山優三 11, 37
カラスフライト 115
がらを取る 122
がり 51
がりまた 67
カルピスガール 85
彼氏 17, 75
かわいい 99
皮かむり 63
川中(さん) 117
かわゆい 71
がん 36
かんかん踊り 44
がんぐろ 67
ガンツ 96
貫通 10
がんつける 67
感度7 119
感度9 119
関東べい 57
がんどうまえびき 51
感度不良 119
感度良好 119
カンピュ―ター 37
ガンプ 36
カンペ 45
完璧 7
丸無点 56
陥落 123

キ

キ―プ君 70
ぎえん 54
着替える 156
キザ 116
喜左衛門 116
きさま 70
きしょい 69, 99
気色悪い 57
キ印 146
きす 53
キスガール 85
ktkr(きたこれ) 101

北向き 124
鬼太郎袋 7, 10
きっかし 74
喫茶ガール 85
キッスガール 85
ぎったんばったんする 9
きっちし 74
切符 122
既読スル― 104
気ぶっせい 57
きみんち 10, 24, 74
キムタコ 11, 36
きもい 69, 107, 159
きもかわいい 72
逆ギレ 107
逆王 27, 70
キャクトメール 40
逆ナン 107
逆蛍 67, 153
ギャソリンガール 85
キャバ嬢 69
きゃぴきゃぴ 71
ギャラ 45
キャラメルガール 85
ギャル男 107
キャンプガール 85
牛耳る 53
牛肉 44
教誨師 44
郷在 54
行水 142
共同便所 154
ギョギョ 73
ぎょく 116
曲学阿世 17, 144
局制 45
局注 113
ギョッ 73
ギョッティング 154
きょどる 82, 109
きよぶた 27
ぎょろ目 66
きれい系 140
キレる 107
きわめつけ 11
ぎんぎらぎん 72
きんじゅう 51
金印 117
緊張 122
金玉 50, 66
きんちゃ 51
金的 66
筋トレ 27

銀流し 124
金ぴか 27, 72
銀ブラ 27
金星 124
銀星 124
金脈 141

ク

食い逃げ 107
グ―! 93
ク―トプ―デル 39
苦学生 143
草 72
日下山を決める 124
くさった 75
草不可避 101, 107
～くさる 57
くしゃ 54
くず野郎 21
くぜる 53
くそ 5, 60, 63, 67, 73
くそおやじ 65
くそ餓鬼 65
くそ食らえ 22, 63
くそっ! 59
くそったれ 63
ksnm(くそねみ) 101
くそばばあ 65
gdgd(グダグダ) 101
くたばれ 22, 62
くだら 97
くちばく 36
愚痴 67, 109
クッションガール 85
くっちゃね 67
くっちゃべる 67
くノ一 36, 55, 107
くびったま 66
首投げ 124
熊の胆 44
くみ取り屋 142
くや 54
クライン 7, 67
グラサン 36, 72
クランケ 113
ぐりぐり 72
くりそつ 36
ぐりはま 36, 54
クリぼっち 105
クルクルパ― 68, 151, 154
グルメ 141
グルリアン 39
(～して)クレオパトラ

26
クレルトオーフル 40
グロ 75
グロい 72
グロカワ 107
グロス 7, 67
黒まんす 44
黒めがね 143
kwsk(くわしく) 101
くわせもん 10
軍団系 140
くんろく 123

ケ

～系 139
蛍光灯 69
ゲイシャガール 85
軽薄短小 92
ゲ― 9, 30, 67
ks 101
ゲ―ゲ― 30
ゲーゲントップ 143
ゲ―セン 27
ゲ―トル 142
ゲームガール 85
KY 38, 89, 101, 145
激～ 73
激おこ 102
激おこプンプン丸 102
檄を飛ばす 7
げじ眉 24, 29, 66
げす 68
げす野郎 21
けたい 57
けたいくそが悪い 57
けだもの屋 31
けちんぼう 68
けつ 5, 10, 59, 66
血圧 111
けつかる 57
けったくそ悪い 69
けつの穴 59, 66
けつの穴が小さい 63
けつの穴ブリキ 9, 25
毛唐 70
けとばし 31
下男下女 142
ゲバ 27, 35, 144
けばい 35, 71
ゲバ子 98
ゲバる 98, 144
ゲバルト 98
ケムノコール 39
下痢ピ― 23, 67

語彙索引

ゲル 34, 95, 97, 143
げろ 35, 67
げろ〜 73
げろ男 67
げろげろ 9, 69
ゲロゲロ 30
ゲンシャン 66
現建 122
原チャ 11, 72
原チャリ 11, 12
現生 72
現場系 140
けんびる 53

コ

コアグる 41
こいつ 70
コイン 7, 37, 67
合コン 27
工事中 119
麹町 31
高等遊民 90
甲羅 66
ゴーアラウンド 116
コーパイ 114
コーラスガール 85
ゴールデンボール 66
コオンブス 39
こがね持ち 6, 37
ゴキブリ亭主 70
国鉄 143
国民服 142
極楽とんぼ 57, 68
告る（こくる） 41, 67, 82, 109
午後一 5
こじき 143
腰弁 27, 69
腰巻き 142
こすい 71
コスプレ 27
コスめる 109
小せがれ 57
姑息 159
個タク 119
ごち 27
ごちそうサマンサ 26
こちとら 70
こっから 24
コックピー 114
こってり系 140
こっぱずかしい 69
こっぱみじんこ 26, 38
こっぱり 51

子どものおもちゃ 44
ことよろ 74, 105, 107
こないだ 24
コネ 27
子猫 15
このアマ 58
この野郎 21
こは 54
五八様 117
ゴハンターク 39
コピる 41, 107
ご不浄 143
コマ 45
こましゃくれる 67
〜こます 57
ゴミ 118
コミケ 27
ゴム 72
米 106
こめつきバッタ 67
米びつ 125
コメ返 103
ごめんちゃい 2
こやじ 65
こやつ 70
ごようたつ 11
ごりがん 57
コリる 41
ゴルフガール 85
これもん 69
来れる 74
ゴロゴロ 10, 72
ころし 120
殺す 46
ごろつき 58
コロッケ 43
こわっぱ 65
こん 105
権妻 70
こん畜生 58
権的 70
コンパス 66
コンパチ 124
コンビニ 27
ごんべん 121

サ

サア 8
サーカスガール 85
サービスガール 85
最強系 140
サイケ 27
さいこ 52
さいこぼう 51

最前系 140
在宅系 140
サイテヤーク 39
さいてなら 74
サイノロジー 40, 154
罪無非 56
サイレンガール 85
サイレントサービス 116
サインガール 85
さお 66
さきっぽ 10
ざくばら 97
サクラ 31
桜丸 55
ざけんな 27, 74
ささき 51
サスプロ 45
させ子 67
座談会ガール 85
察 27, 35
さつけい 54
茶店 27, 72
サドる 41
さなだ 51
サブ垢 103
座布団 44
ざぶん 14
左平次 57
サボる 53, 82, 108, 109
ざま 3, 9
ざまあ見さらせ 58
ざまあみそらひばり 38
ざま見くされ 22
ざま見さらせ 22
ざま見され 22
ざま見やがれ 22
サムライ 44
サラ金 27
さらす 57, 58
さりげに 5
猿回し 44
三階 160
さんさん 117
さんずい 15, 121
さんたく 54
三太郎 58, 152
算み 16
三等重役 69
三百 69
三平二満 149
サンマーガール 85

シ

C 112
GアンドB 115
CA 112
CH 115
G勤 115
シーク 78
シークガール 85
Cライン 98
シェー 73, 89, 91
JK 145
じぇじぇじぇ 73, 89, 93
シカきめる 125
シカッティング 40
しかとする 67
しきざ 54
自己中 68, 107
仕事モード 107
ジゴマる 53
しこらえる 51, 54
事故る 53, 67, 82, 109
じじ 50
地震雷火事親父 143
シスター 143
シゼンワーク 40
下っ腹 66
しちめんどうくさい 72
シックガール 85
しっこ 10
実弾 72
十匹 160
ジッヘル 96
シデはる 53
支那 143
死にかけ3秒前 10
死ね 62
芝刈り 101
じばる 41
じぶんち 24
地べたの客 118
島 72
島流し 115
しみったれ 68
ジャーク 115
シャーペン 27
ジャーマネ 36, 69
社会の窓 71
シャカシャカ 72
尺貫 37
借金コンクリート 37
しゃっちょこばる 67

語彙索引

〜じゃないですかあ 162
ジャニオタ 69
シャブ 72
シャボンガール 85
しゃもじ 134
シャモ番組 46
じゃり 65
ジャリタレ 69
じゃりんこ 65
シャワる 41
シャン 34, 66, 97, 143
じゃん 34
シャンデリヤ 153
ジャンぼる 109
週一 5
就活 27, 107
十のしま 55
修理不可能 15
シュルンぺる 41
シュワンゲる 41
俊寛 44
小 7, 67
〜状態 107
冗談はよしこさん 26
小並感 106
乗馬ガール 85
小便たれ 63
しょうゆ顔 67
ショート 118
所作 53
女中 142, 143
しょっぱい 124
ショップガール 85
しょば 54
しょば取り 43
しょむない 57
しょんべん 12, 67
しょんべんくさい 63
しらけ 83, 91
しらける 91
知らんぷり 67
自力更生 78
しりっぺた 66
シリニシーク 39
シリヒカール 40
シルバー 23, 141
四六九 143
白黒待機 119
白タク 119
シロネズミガール 85
白鳩 44
白煉瓦 144
じわる 106

新乙女系 141
じんがい 36, 70
新閣 32, 117
辛気くさい 57
仁久 32, 117
ジンゲル 69, 96, 143
進行中 119
新婚さん 118
死んじまえ 62
新人類 92
深窓の令嬢 143
しんた 51
しんだ 51
しんでん 51
じんでん 51
じんば 51
森羅万象 127

ス

水泳ガール 85
吸い取り紙 108
スーパー〜 73
すかしっぺ 67
スキーガール 85
好きくない 74
スクールガール 85
スクリプトガール 85
すけ 71
すげえ 5
すけべ 68
スケボー 27
すける 41
スケる 41
すごい 7, 74, 81, 97
スーごーい 5
スコシャン 66
すこたん 57
すこてい 97
すこどん 97
スジ 125
スジ屋 125
スジを殺す 125
スジを立てる 125
スジを寝かす 125
涼み台 142
スタイルシャン 66
スタシャン 66
スタ伝 45
スタバ 27, 72
スタンドガール 85
スタンバる 41
スタンプドガール 85
すっ〜 73
頭突きをかます 124

すっごい 5
スッチー 69, 114
すっとこどっこい 68, 146, 152, 154
すてき 97, 131
すてき減法 132
すてき減法界 132
ステッキガール 85, 88
ステト 113
ステラ 41, 112, 113
stk(ストーカー) 101
ストソー 29
ストリートガール 85
砂の嵐 46
スノボ 27
スパモ 69
スピーキングガール 86
スピッツ 43, 44
スペミル 114
スポイトガール 86
スポーツガール 86
スポ根 27
ずぼら 57
スポンジガール 86
スマート 78
スマシテトール 39
酢ムリエ 36
スモークガール 86
すもじ 134
ずりせん 68
スリモオール 40
スルトヒーデル 39
すれっからし 146
スワルトパートル i, 26, 39, 154
すんごい 5, 74

セ

せい 52
生学 69
聖子系 140
せいざ 52
生食 113
せいたかのっぽ 67
聖地巡礼 103, 107
セイトオソール 40
生命線 78
贅六 58
セールズガール 86
セカイ系 140
ぜかい 51
せがれ 66
石炭たく 125

ゼクる 41, 112
セコハン 27, 72
世辞 109
雪駄 142
雪駄の皮 44
切無刀 56
ゼニトルマン 37
セネットガール 86
セブン 36, 72
狭い日本そんなに急いでどこへ行く 83
ぜめ 51
せるき 54
0番地 119
先公 10, 69
前主 117
せんずり 68
全然 2, 3, 7, 74, 82, 161
センチ 27
センボ 51
センボウ 51
せんみつ 27

ソ

そいじゃ 74
そいつ 70
そいで 74
象足 29, 66
総検 43
草食系 140
総すかん 57
相当なもんだ 75, 88
そうは問屋が大根おろし 26
ソース顔 67
族 35, 69
ゾクシバール 39
ゾクトール 39
底 53
粗大ゴミ 141
そっか 24
そっから 24
そっとじ 106
ソップ 125
粗乳 7
曽根崎 122
ソバる 53
ゾル 96
そろぼち 106
そんだけ 74
そん莉 7
そんなことアルマジロ 26, 38

語彙索引

173

そんなの関係ねぇ 89, 93, 145
そんな話は吉野屋 26
そんなバナナ 38
そんなら 74
ゾンビ 118

タ

ダー 73, 89
たーう 45
大 7, 67
だいきょう 54
大黒 70
大地震 160
退治る 53
代手 3, 16
ダイテノーマス 39
態度エル 71
大日本帝国 119
タイマン 68
大無人 56
タキる 41
タクる 41, 68, 109
竹の子医者 69
田吾作 70
タコになる 124
たこにゅう 97
タゴる 53
ださい 71, 99
だ埼玉 70
ださださ 71
田印 70
ただいマンモス 102
たたき 120
だち 35, 70
だち公 70
立ちしょん 68
脱〜 91
だっこ 9
タッチガール 86
だっちゅうの 74
タッチンググール 86
たっぽ 51
炭団 123
たにんごと 11, 74
タヌキ親父 63
狸の念仏 55
たぬま 51
たねとり 69
種なし 69
タバコガール 86
タヒ 107
旅役者 44
ダフ 8

W 101
w 101
ダブルエッチ 136
ダブルパー 151
ダベリスト 40
だべる 53, 68, 96
玉検 43
たまたま 66
玉袋 66
だめもと 27
だめよ、だめだめ 89, 93
だら幹 27
たらこくちびる 29, 66
だりむくれ 58
たれ 51, 71
〜たれ 73
垂れパイ 67
タンキスト 40
ダンケ 96
ダンスガール 86
断然 75
ダンチ（だんち） 75, 88, 89, 97
タンツェン 143
旦つく 70, 146
タンデクロース 40
断トツ 4, 27
段取る 53
単ぽし 121
嘆仏 30

チ

小さいの 7
チェースト 133
ちがかった 74
チキン 107
チキン肌 36
ちく 54
ちくしょう 21
ちくる 68
地ぐる 53
チケットガール 86
乳当て 143
乳押さえ 143
父ジャル 115
乳バンド 143
ちっこい 71
ちっちゃい 71
ちび 23, 65, 67
ちま 54
チャーリー 71
チャカ 72
ちゃくとう 54

着メロ 27
茶しばく 107
ちゃち 57
茶々を入れる 57
ちゃっかり 89
茶づる 53
ちゃぶ台 142
ちゃらい 71
ちゃら男 68
ちゃらんぽらん 68
チャリ 11, 12, 35, 71
チャリキ 71
チャリンコ 11, 12, 71
チャンバラ 6
チュー 23
注射 123
中小 119
チューする 9, 25, 68
チュートル 40
中坊 69
厨房 106
チョイトガール 86
超ウルトラ 10
チョウチョウ同期 115
超〜（チョー） 73, 81, 137, 138
ちょきる 53
ちょっきし 74
チョベリバ 92, 144
ちょろい 1, 71
チョンガー 34, 70
ちょんまげ 11, 73
チラリズム 40
ちわ 74
ちわっす 74
痴話る 53
血を見るぞ 62
ちんけ 72
ちんこ 8
ちんする 9
チンする 2, 6, 25, 30, 68
ちんたら 71
ちんちくりん 72
ちんちん 66
ちんぽこ 66

ツ

ツアコン 27
ツイ禁 104, 107
ツイッタラー 104
つうか 107
〜つうかぁ 107
ツーカー 27

通逮 122
使える 15
月一 5, 27
月夜のカニ 121, 123
土無一 56
つっこみ 120
つっこむ 10
つなぐ 51
壺 44
冷たい戦争 17
づら 72
釣りガール 84
つるっぱげ 67
ツルベガール 86
つるむ 68
つれしょん 68
ツンシャン 66
つんつるてん 72
詰んでる系 140

テ

TK 45
DD 103, 145
Dライン 98
ディコイガール 86
ディスる 68, 109
貞操 143
ディゾる 41
低能 69
テイノロジー 40, 154
碇泊ガール 86
デイリー君 115
ディレる 41
〜デー 75
でか 35
でかい 71
でかぱい 67
デカンショ 96
〜的 73, 162
できそこない 69
できた系 140
テクシー 26, 37
テクテクズム 40
でくのぼう 146
てくる 68
テケツガール 86
テケレッツノパア 73
デコシャン 66
でこちゃん 67
デコ 53, 68, 109
デコンべる 41
手相撲 124
出たきり老人 36
鉄オタ 125

語彙索引

鉄火箸 44
鉄管ビール 72
鉄子 102, 125
鉄女 102
鉄ちゃん 69, 125
でっちなしご 67
ててなしご 146
デパートガール 86
デパガ 69
出歯る 67
でぶ 23, 67
でぶっちょ 23
デマ 75
てめえ 70
出戻り 70
デモる 68
てよだわことば 88, 89, 128
てらあり 103
テルする 68
デルトマーケル 39
テレ鑑 43
テレクラ 27
てれこ 72
でれすけ 68
テレフォンガール 86
テロ 75
テンあげ 106
天蓋 14
電気椅子 46
電気会社の社長 144, 153
電気洗濯機 142
電気冷蔵庫 142
てんごう 57
てんこ盛り 72
天竺の花魁 44
電車道 123
田紳 70
でんでん虫 119
テントーブ 39
天然危険物 37
天然パーマ 66
天然ぼけ 68
天パー 27
電ぱち 43
テンプラ 118
天無人 56
てんやわんや 10, 58
電話線工事中 119

ト

ど〜 57, 59, 73
ドアガール 86

ど厚かましい 59
どあほ 57, 59
トー 55
どうかと思うね 88
道化る 53
東拘 43
どうじゅく 51
どうしろう 54
どうにもこうにも 10
豆腐の角に頭ぶつけて死んじまえ 62
とうへんぼく 68, 146
ドゥルック 111
とおシャン 66
遠眼鏡 14
〜とかぁ 107
どき 54
ど狐 59
どきれい 59
特番 16, 45
どけち 59, 60
どこの馬の骨ともわからない 70
ど根性 59
土左衛門 71
ど素人 59
ど真剣 59
どすけべ 68
どたキャン 27, 36
ど狸 59
どたま 59, 66
とたんに 75
土地鑑 120
ど畜生 59
どちび 59
どっから 24
どつく 9, 57
どっちらけ 74
どってばら 66
どっぱ 57
ドッヒャー 73
トップガール 86
どつべる 96, 109, 143
どつぼ 71
とっぽい 71
どて 66
トテシャン 34, 66, 157
ドテシャン 22, 66
とても 75, 97, 156
トド 67
ドドスコ 89
ドドスコドドスコラブ注入 93
ど憎たらしい 59

ど盗人 59
どびつこい 59
ドヒャー 73
トブ画 104
ドブネズミ 63
ど下手 59
ど下手くそ 60
ど坊主 59
どぼん 14
ドメスティック 116
ど滅相 57
どや 54
土用波 120
ドライブガール 86
虎シャン 66
どら猫 15
トラバーユ 141
とらまえる 38
トラムガール 86
鳥が飛ぶ 46
トリコ 126
とりま 102
ドリンク 122
トリンケン 95, 143
トレインガール 86
とろい 69
とろくさい 57
トロゲン 36, 56, 107
とろっぺき 57
泥的 73
ドロビイ 54
泥棒猫 21
トロル 41
どろんする 68
とんかち 72
どんくさい 69
鈍行 24
トンシャン 66
トンチンカン 6
とんでもハップン 73, 88
とんでる 71
ドンパチ 6, 27
トンボリガール 86
とんま 69
ドンマイ 74

ナ

なあんちゃって 23
ナイフ 37, 108
ナイン 7, 37, 67
ナウい 72
なおすけ 71
ナオミズム 154

なおん 71
中子 33
流れ弾 119
ナキヤ 125
ナク 126
慰み 33
殴り 46
なごみ系 140
なし 54
なし割り 121
ナチュラルぼけ 68
なづ 33
なつい 35, 69, 105
ナッシングガール 86
七つ屋 69
ななはん 72
何が彼女をそうさせたのか 89
何が何して何とやら 10
なにげに 5, 81, 107
鍋ぶた山 123
なほりもの 33
なまじい 28
なまら 34
波の花 33
なめる 46
ならぬカンニングするがカンニング 38
成貧 37
ナル 68
ナルコる 41
なるめくり 124
縄のれん 72
南京虫 15
ナンセンス 75
ナンセンスガール 86
〜なんだけど 107
なんてこった 74
なんでだろう〜 93
なんぱする 68
ナンバる 41

ニ

匂い系 141
握る 119
肉シャン 66
肉食系 140
肉体シャン 66
肉体美人 22
にくったらしい 69
にけつ 10, 68
二号 70
ニコ厨 104

語彙索引

ニコポン 28
ニコヨン 69
西海岸に行く 23
二銭銅貨 153
にやける 52
ニヤリスト 40
ニュースガール 86
入約 113
尿測 113
如来 66
人三化七 21, 66, 146, 154
認識 78
認識不足 78
にんべん 122

ヌ

抜かす 58
ぬけさく 69
沼 12, 67
濡れ落ち葉 141

ネ

ねあか 68
～ねえや 8
ネギ 120
ねぎだく 107
ねくら 68
ネクる 41
ネグる 68
猫 15, 69
ネコかぶり 63
猫的 73
ねこばば 68
ネ申 107
ねずみ取り 72
ねた 54
ねちっこい 68
ネバー好き 73
ねまる 48
寝れる 74

ノ

ノイる 41
脳たりん 57, 69, 151
脳みそ 10, 24, 66
脳留守 69, 151, 154
ノーサンキュー 114
ノーズロガール 86
ノータラン 40
ノーテンファイラ i
ノーパン 28, 72
ノーブラ 128
ノールス 40

ノガミ 8
のこ 28
ノズガール 86
のせもの 52
のせる 51, 52
のっと 48
のっぽ 67
のどちんこ 8, 66
ノムトヘル 39
野良ネコ 63
ノラる 53
のりのり 71
ノルスベリー 39
ノンポリ 28

ハ

パ 159
パー 69
バーガール 86
パー券 28, 72
バーコン 69
ばあたれ 65
バーバガール 86
パープリン 69
パーベキ 27, 39
ハーモニカ 43
ばあや 142
ばい 122
ばいおつ 66
倍返し 93
ハイカラ 89
ハイカる 89
パイ訓 114
ハイスピードガール 86
ハイスベリー 39
ばいた 69, 146
ハイタカール 40
バイチャ 18
ハイツルリー 40
ばいぱい 66
パイパン 63
バイビー 9
ハイミス 70
ハイラーテン 96
ハウる 41
ばか 21, 22, 58
ばか～ 73
ばか女 21
ばかげる 53
ばかたれ 69
ばかちん 22, 69
バカッター 104
バカップル 26

ばかでかい 72
はがみ 124
ばか野郎 21
ばかん 54
博愛ガール 86
はくい（ハクイ） 71, 98, 130
爆買い 93
爆睡（する） 68, 107
ばくる 68, 107, 122
ばくわら 101
はげちゃぴん 67
はげど 106, 107
禿同（はげどう） 106
ハゲる 41
ハコ 125
ばした 71
はしっこ 10
柱 44
ばしり 35
ハシルブー 39
ハス 135
ハズ 70, 135
はずい 35, 69
バスガール 86
はずにかかる 124
はずれ 119
ばそ 54
バタバタ 72
バタンキュウ 6
罰当たり 62
バツ 126
バツイチ 23, 70
ばっかし 74
ばっきゃろう 74
バック(ス) 107
バッグガール 86
バックシャン 66
ハッスル 18
葉っぱ 72
パッパラパー 11, 69
はつメン 106
破天荒 7
鳩 44
ぱない 105
話がピーマン 73
花摘み 23
鼻ぺちゃ 67
パニクる 82, 109
ぱねえ 105
ばば 50
パパ 75
ばばあ 65
はばかり 143

ババシャツ 10, 29, 72
母ジャル 115
バブル 83, 92
パフる 41
ハモる 53, 67
はやパタ 114
ハライモドシ 126
パラシュートガール 86
ハラヒレホレー 11
はらぺこ 67
はらぼて 67
ばり 34
馬力をかける 124
春の日大尽 54
ばればれ 71
蛮カラ 37, 89
般教 11
万歳 124
パン助 146
ハンスコ 125
ハンスト 75
番宣 16, 45
パンダ 120
般若湯 14
半端ない 82
はんべえ 51
バンマス 69
ばんわ 105

ヒ

び 105
P 45
BG 19
ピーピー 30, 67
PPK 38
Bライン 98
鼻下長 68
引く 119
ビクモーツ 40
非国民 146
ヒコページ 36, 56, 66, 107, 144
ビジネスガール 86
ピストガール 86
ヒスる 41
ぴた 54
常陸をきめる 124
左巻き 68, 151
ひっ～ 73
ビックリマーク 10, 72
ぴったし 6, 74
ぴったんこ 11
ひと段落 11

ひとつ返事 11	ブートデール 39	聞屋 69	ぽこちん 66
人の為 55	フーピーガール 86		ほざく 58, 68
ひとりもん 70	ブーブー 9	**ヘ**	ほし 120, 121
皮肉る 53	フォー 89, 93	へい 51	星 124
ビニ本 28	フォリーガール 86	平気の平左衛門 73	星ガール 86
ヒネルシャー 39	フォロバ 105	併合 89	ポスタガール 86
ヒネルトジャー 26, 39	フカフカ系 140	平民 142	ポストガール 86
日の丸 67	複雑怪奇 17, 144	ベキる 41	ポスる 42
ヒビブラリー 39	フクレッツラー 40	へげたれ 57	ホタルのけつ 122, 123
ビミョー 89, 93	ぶくろ 35	へこむ 107	ボタン 31
ひも 69	不細工 22, 149	へそ茶 28	ボックスガール 86
ひもじい 143	不思議系 140	ぺちゃぱい 67	ぽっち 105
百も承知二百も合点 10	浮上 103	へちゃむくれ 67	ほっつき歩く 68
百も承知の助 73	ぶしょう 54	ベツ 28	ぽっとで 70
百貫デブ 67	ブス 21, 67, 146, 149	別荘 72	ほっぺた 66
百均 28, 72	伏鉦 14	へっつい 142	ホテルガール 86
ひやっこい 72	憮然 159	ペットガール 86	ポテンヒット 72
ひょうろく 152	ふだ 122	へっぴり腰 29	ホニャララ 24
ひょうろくだま 69, 146, 152	ブタ 63, 67	へっぽこ 69	骨皮筋衛門 67, 153, 154
	ブタ箱 24, 72	屁でもない 10	
日和る 98, 144	ぶち 34	へなちん 63	ボヘミアンガール 86
ビラガール 86	ぶちぬく 9	ベニる 41	ホモだち 70
ひら坦 43	ぶっ～ 73	屁の河童 1	ホモる 41
ひらとり 28	ぶつ 36	へのこざし 123	ホヨ 18
ビリヤードガール 86	ふっこむ 9	ベビる 41	ホリ 114, 137
ビルガール 86	ぶっこむ 68	へぼい 71	ポリ 69
昼メロ 28, 72	ぶっころす 68	ヘモる 41	ホルスタイン 10
ひるメン 106	ぶったくる 68	べろ 9	ほろい 57, 72
ヒロインガール 86	ぶったたく 6	ヘローガール 86	ほろっちい 72
ひん～ 73	ブップー 25	べろんべろん 9, 71	ホワイトガール 86
ピンキリ 128	ふてえあま 10	変化 53	ホワイトキック 36, 73
ひん 51	プテキャン 45	へんたい 54	本垢 103, 107
ぴんこう 51	ふとっちょ 67	へんとっきりん 71	ほんくら 69
ぴんさつ 10, 72	フボクロース 39	へんてこ 72	本工事中 119
ぴんしゃん 71	フミクバール 39	へんてこりん 71	ポンコツ 6
貧乳 7, 67	冬ボタン 31	弁天 71	ポン酒 72
貧乏神 124	フライパン 12, 36	ベンピーズ 39	ぽんつく 57
ピンポーン 6, 24	ブラットガール 86		ぽん引きガール 86
ピンポンする 68	フラレタリア 11	**ホ**	本ぼし 121
ピンポンダッシュ 68	フラワーガール 86	ぽいする 68	ポンポン 9, 25
ひんむく 9	ブランコ 120	ボイン 7, 67	
	ブランシス 40	(～の)ほう 93, 107	**マ**
フ	ぶりっ子する 68	包茎野郎 63	麻雀ガール 86
ファクトリガール 86	フリマ 72	剖検 113	マーストカートル 26, 39
ファボ 103	ブルート 113	放治 113	
ファボる 103	フレッシュガール 86	ホエルカム 40	マーストハイトル 39
ファミコン 72	プレパリーレン 111	ボートガール 86	まいう 36
ファミレス 28, 72, 107	浮浪児 143	ほかいま 103	参ったよ 88
フィーバー 83, 91	ふろた 103	ほかえり 103	前足 122
フィーバる 91	フロリダ 103	ほかる 103	前シャン 66
ブー 6, 24, 25, 30, 67	ふわとろ 72	ぼくちん 70	まえびき 51
ブー 67	ぶん～ 73	ぼくんち 24	巻紙 14
ブータロー 69, 141	文選ガール 86	ボケ爺い 21	捲き線ガール 86
	文筆ガール 86	ぼけなす 69	真逆 81

177

マクド 28, 35, 72
マクる 41
マクルシャー 40
マグロ 72, 120, 126
マザコン 28, 68
まじぎれ 107
まじめ系 140
マチガール 86
街金 69
街のあんちゃん 69
まっかっか 9
マックロケノケ 90
まつたけ 36
マツタケガール 86
まったり 81
マッチガール 86
まっぽ 69
的を得る 11
マニキュアガール 86
マネキンガール 86
まぶい 71
まぶだち 70
ママ 75
ママ鉄 102
マミる 102, 107
豆泥棒 121
マメページ 36, 56, 66, 107, 144
マヤる 102
マラ 66
マリ(ー)ンガール 86
マリる 42
まる 116
マル 126
マル愛 15, 17
マル依 15, 17
マル運 122
マル害 11, 17, 122
マルクスボーイ 87
マル契 17
マル検 122
マル公 122
マル是 17
マル査 17
マル 3, 17
マル参 123
マル生 17
マル正 17
マル走 11, 17, 121, 122
丸太ん棒 72
マル対 15, 17, 123
マル知 121
マル被 11, 17, 121
マル B 121

丸ビルガール 86
マル暴 17, 121
回し 119
漫画チック 72
万札 72
まんしゅう 119
万鳥足 37

ミ
ミー 70
ミーハー 28
ミシンガール 86
ミスコン 72
ミスターガーベイジ 115
ミスターガール 86
水たまり 119
ミスド 72
ミスる 68
~みたいなぁ 107
乱れ髪 55
みっちし 74
ミナオヨーグ 40
耳隠し 108
耳がダンボ 29
耳タコ 28
耳ダンボ 29
みみっちい 68
未明 159
妙ちきりん 72
ミルクタンク 66
ミレニアム 93
見れる 74
眠剤 72

ム
むかつく 69, 81, 89, 92, 99, 107
むき 51
むしょ 72
むずい 35, 72, 159
息子 66
ムッター 96
胸を出す 124

メ
メアド 28
メイルガール 86
めか 56
めかいち 56, 68
目カーチョンチョン十（メカイチチョンチョンジュウ） 56, 107
目が点 29

メカラヒーデル 40
飯テロ 104
飯る 41, 53
メスタルジア 37
メス豚 21
メダカブス 15
メチローゼ 26
滅私奉公 143
メッセンジャーガール 86
メッチェン 34, 96, 143
めっちゃ 34
目点 29, 36
メモる 68
メリクリ 74
めんく 54
めんたま 59, 66
めんちきる 68
めんどい 35
メンボ 28
めんやり 106

モ
申される 74
もうひとふんどし 26
猛烈 97
もうろく爺い 21
モータガール 86
モーノマン 40
モガ 75, 83, 84
モギラー 115
もく 54, 72
木無十 56
モス 28
モスリンガール 86
もた工 43
モダンガール 84, 86
モチ 75
もちコース 11, 27, 39, 73
もっきんコンクリート 37
もてもて 71
モデルガール 86
もとかの 28, 70
もとかれ 28, 70
モトクラシー 40
モボ 75, 83
モミジ 31
ももんじい 31
ももんじ屋 31
森ガール 84
もん 24
~もんか 22

モンデクラース 39

ヤ
やあ公 69
ヤーサン 3
八百長 123
やがる 5, 8, 21, 58
やかん 153
やかん頭 67, 153, 154
やきいも 120
焼き火箸 44
薬 35
やくい 131
約手 28
焼け火箸 44
やこん 54
やさお 102
優しい系 140
ヤサラ 28
やせっぽち 67
やだ 75
やち 66
やつ 28
やっかい 51
やっぱし 11, 74
やっぱりパセリ 26
やつら 48
宿六 70
ヤニターマル 39
やにる 41
やば 107
やばい 8, 35, 98, 129
やぶく 39
ヤブレター 37
やま 120
山ガール 84
山鯨 31
山猿 70
山の神 24, 70
闇市 142
やらはた 36
やり逃げ 107
やりまん 10
野郎 5, 21
ヤンエグ 35, 144
ヤンキー 70
ヤンキーガール 86

ユ
ユー 70
優越感 78
UL 115
夕刊ガール 86
有閑ガール 86

UC 115
UUU 115
諭吉 72
輸送機 44

ヨ

洋服細民 90
腰麻 113
ヨオ 8
ヨクナーク 39
ヨクミエール 39
横シャン 66
横めし 72
よさげ 72
よそんち 74
ヨタリスト 40, 154
与太る 109
よっぽど 9
呼びタメ 104
余裕 1
代々木る 98
よりと 51
夜ご飯 2, 163
夜の女 70
ヨルバイト 26, 36
夜めし 163
万屋 142
よろめき 141, 154
四駆 72

ラ

ラーメる 53
ライブラリガール 86
LINEはずし 104
ラウヘン 95
楽勝 1
らくちょう(ラクチョー) 8, 35

楽ちん 72
ラジカセ 28
ラスー 5
らっしゃい 9
ラディカルガール 86
ラビット 43
ラブホ 72
ラブラブ 71
ラメチャンタラ ギッチョンチョンデ パイノパイノパイ 90
ラリる 41, 68
ランチガール 86
ランド 105
ランナー 114

リ

り 105
リア垢 103
リア充 104, 107
リア友 104
リーベ 70, 96
リーマン 159
離脱 103
利調太郎さん 118
リップガール 86
リデクーテル 39
リブ 103
リマ 115
流行ガール 86
立無し 56
りょ 105
寮雨 96, 143
旅行ガール 86
リンナール 39

ル

〜る 73

ルーツ 91
ルート2 42
ルート3 42
ルート8 42
留守電 28
ルンペン 34, 75, 143
ルンルン 30, 69

レ

冷コー 3
歴女 102
れきま 57
れこ 36, 70, 71
レストランガール 86
レスピアガール 86
レズる 41
レチ 125
れつ 54
列車ガール 86
レット 97
レビュウガール 86
レフトクルクル 68, 151
レンコンきめる 125
れん草 28
レンソー 29
連帯する 98
連ドラ 72

ロ

ロイホ 72, 107
ろう勉 36, 96, 143
録音に行く 23
露探 89
ロハ 36, 56, 107
ロハ台 56
ロリ系 140
ロリコン 28, 68

ロング 119
ロングシャン 66
ロン毛 67
ロンパリ 67

ワ

わい 70
ワイルドだろぉ 89, 93, 145
ワカメ 120
wktk(ワクテカ) 101
わけわかめ 38, 73
わこ 51
わさび 124
ワシ男 70
わたしんち 24
わや 57
わゆび 54
藁 106
わりかし 74
われ 70
吾無口 56
ワロタ 104
ワンクラワン 40
ワン公 72
ワンサガール 86, 88
ワンパスガール 86

ン

んじゃ 24
んだ 24
んだけ 24
んち 24
ンチャ 18
んで 24
んとき 24
んとこ 24

著者略歴

米川　明彦(よねかわ あきひこ)

1955 年　三重県に生まれる
1985 年　大阪大学大学院文学研究科博士課程修了
現　在　梅花女子大学文化表現学部・教授
　　　　学術博士
専　攻　日本語語彙・手話言語研究

俗　語　入　門
─俗語はおもしろい！─

定価はカバーに表示

2017 年 4 月 1 日　初版第 1 刷
2017 年 7 月10日　　　第 2 刷

著　者　米　川　明　彦
発行者　朝　倉　誠　造
発行所　株式会社　朝　倉　書　店

東京都新宿区新小川町 6-29
郵便番号　162-8707
電　話　03（3260）0141
FAX　03（3260）0180
http://www.asakura.co.jp

〈検印省略〉

Ⓒ 2017〈無断複写・転載を禁ず〉　　　教文堂・渡辺製本

ISBN 978-4-254-51053-9　C 3081　　Printed in Japan

JCOPY　<（社）出版者著作権管理機構　委託出版物>

本書の無断複写は著作権法上での例外を除き禁じられています．複写される場合は，そのつど事前に，（社）出版者著作権管理機構（電話 03-3513-6969，FAX 03-3513-6979，e-mail: info@jcopy.or.jp）の許諾を得てください．

立教大 沖森卓也・白百合女大 山本真吾編著
日本語ライブラリー
文章と文体
51614-2 C3381　　　A5判 160頁 本体2400円

文章とは何か，その構成・性質・用途に最適な表現技法を概観する教科書。表層的なテクニックを身につけるのでなく，日々流入する情報を的確に取得し，また読み手に伝えていくための文章表現の技法を解説し，コミュニケーション力を高める。

沖森卓也・阿久津智編著
岡本佐智子・小林孝郎・中山惠利子著
日本語ライブラリー
ことばの借用
51613-5 C3381　　　A5判 164頁 本体2600円

外来の言語の語彙を取り入れる「借用」をキーワードに，日本語にとりいれられてきた外来語と外国語の中に外来語として定着した日本語を分析する。異文化交流による日本語の発展と変容，日本と日本語の国際社会における位置づけを考える。

立教大 沖森卓也編著　東洋大 木村 一・日大 鈴木功眞・
大妻女大 吉田光浩著
日本語ライブラリー
語と語彙
51528-2 C3381　　　A5判 192頁 本体2700円

日本語の語(ことば)を学問的に探究するための入門テキスト。〔内容〕語の構造と分類／さまざまな語彙(使用語彙・語彙調査・数詞・身体語彙ほか)／ことばの歴史(語源・造語・語種ほか)／ことばと社会(方言・集団語・敬語ほか)

奈良大 真田信治編著
日本語ライブラリー
方言学
51524-4 C3381　　　A5判 228頁 本体3500円

方言の基礎的知識を概説し，各地の方言を全般的にカバーしつつ，特に若者の方言運用についても詳述した。〔内容〕概論／各地方言の実態／(北海道・東北，関東，中部，関西，中国・四国，九州，沖縄)／社会と方言／方言研究の方法

蒲谷 宏編著　金 東奎・吉川香緒子・
高木美嘉・宇都宮陽子著
日本語ライブラリー
敬語コミュニケーション
51521-3 C3381　　　A5判 180頁 本体2500円

敬語を使って表現し，使われた敬語を理解するための教科書。敬語の仕組みを平易に解説する。敬語の役割や表現者の位置付けなど，コミュニケーションの全体を的確に把握し，様々な状況に対応した実戦的な例題・演習問題を豊富に収録した。

立教大 沖森卓也・東海大 曺 喜澈編著
日本語ライブラリー
韓国語と日本語
51612-8 C3381　　　A5判 168頁 本体2600円

日韓対照研究により両者の特徴を再発見。韓国語運用能力向上にも最適。〔内容〕代名詞／活用／助詞／用言／モダリティー／ボイス／アスペクトとテンス／副詞／共起関係／敬語／漢語／親族語彙／類義語／擬声・擬態語／漢字音／身体言語

立教大 沖森卓也・立教大 蘇 紅編著
日本語ライブラリー
中国語と日本語
51611-1 C3381　　　A5判 160頁 本体2600円

日本語と中国語を比較対照し，特徴を探る。〔内容〕代名詞／動詞・形容詞／数量詞／主語・述語／アスペクトとテンス／態／比較文／モダリティー／共起／敬語／日中同形語／親族語彙／諺／擬声語・擬態語／ことわざ・慣用句／漢字の数

神戸大 定延利之編著　帝塚山大 森 篤嗣・
熊本大 茂木俊伸・民博 金田純平著
私たちの日本語
51041-6 C3081　　　A5判 160頁 本体2300円

意外なまでに身近に潜む，日本語学の今日的な研究テーマを楽しむ入門テキスト。街中の看板や，量販店のテーマソングなど，どこにでもある事例を引き合いにして，日本語や日本社会の特徴からコーパスなど最新の研究まで解説を試みる。

神戸大 定延利之編
私たちの日本語研究
——問題のありかと研究のあり方——
51046-1 C3081　　　A5判 184頁 本体2200円

「日本語」はこんなに面白い。「私たち」が何気なく話して書いて読んでいる「日本語」は，学問的な目線で見るとツッコミどころ満載である。『私たちの日本語』に続き，「面白がる」ことで，日本語学の今日的なテーマを洗い出す。

前宇都宮大 小池清治・県立島根女子短大 河原修一著
シリーズ〈日本語探究法〉4
語彙探究法
51504-6 C3381　　　A5判 192頁 本体2800円

〔内容〕「綺麗」と「美しい」はどう違うか／「男」の否定形は「女」か／副食物はフクショクモツか，フクショクブツか／『吾輩は猫である』の猫はなぜ名無しの猫なのか／「薫」は男か女か／なぜ笹の雪が燃え落ちるのか／他

前阪大 前田富祺・前早大 野村雅昭編
朝倉漢字講座 1
漢字と日本語（普及版）
51581-7 C3381　　　　　A 5 判 280頁 本体3800円

中国で生まれた漢字が日本で如何に受容され日本文化を育んできたか総合的に解説〔内容〕漢字文化圏の成立／漢字の受容／漢字から仮名へ／あて字／国字／漢字と送り仮名／ふり漢字と語彙／漢字と文章／字書と漢字／日本語と漢字政策

前阪大 前田富祺・前早大 野村雅昭編
朝倉漢字講座 2
漢字のはたらき（普及版）
51582-4 C3381　　　　　A 5 判 244頁 本体3400円

日本語のなかでの漢字の特性・役割について解説。〔内容〕表語・文字としての漢字／漢字の音／漢字と表記／意味と漢字／漢字の造語機能／字体と書体／漢字の認識と発達／漢字の使用量／漢字の位置／漢字文化論

前阪大 前田富祺・前早大 野村雅昭編
朝倉漢字講座 3
現代の漢字（普及版）
51583-1 C3381　　　　　A 5 判 264頁 本体3600円

漢字は長い歴史を経て日本語に定着している。本巻では現代の諸分野での漢字使用の実態を分析。〔内容〕文学と漢字／マンガの漢字／広告の漢字／若者と漢字／書道と漢字／漢字のデザイン／ルビと漢字／地名と漢字／人名と漢字／漢字のクイズ

前阪大 前田富祺・前早大 野村雅昭編
朝倉漢字講座 4
漢字と社会（普及版）
51584-8 C3381　　　　　A 5 判 292頁 本体3800円

情報伝達技術に伴い，教育・報道をはじめとして各分野での漢字使用のあり方と問題点を解説。〔内容〕常用漢字表と国語施策／漢字の工業規格／法令・公用文の漢字使用／新聞と漢字／放送と漢字／学術情報と漢字／古典データベースと漢字／他

前阪大 前田富祺・前早大 野村雅昭編
朝倉漢字講座 5
漢字の未来（普及版）
51585-5 C3381　　　　　A 5 判 264頁 本体3600円

情報化社会の中で漢字文化圏での漢字の役割を解説。〔内容〕情報化社会と漢字／インターネットと漢字／多文字社会の可能性／現代中国の漢字／韓国の漢字／東南アジアの漢字／出版文化と漢字／ことばの差別と漢字／漢字に未来はあるか

明治大 田島　優著
シリーズ〈現代日本語の世界〉3
現代漢字の世界
51553-4 C3381　　　　　A 5 判 212頁 本体2900円

私たちが日常使っている漢字とはいったい何なのか，戦後の国語政策やコンピュータの漢字など，現代の漢字の使用と歴史から解き明かす。〔内容〕当用漢字表と漢字／教育漢字／常用漢字表と漢字／人名用漢字／JIS漢字／他

前阪大 前田富祺・京大 阿辻哲次編
漢字キーワード事典
51028-7 C3581　　　　　B 5 判 544頁 本体18000円

漢字に関するキーワード約400項目を精選し，各項目について基礎的な知識をページ単位でルビを多用し簡潔にわかりやすく解説（五十音順配列）。内容は字体・書体，音韻，文字改革，国語政策，人名，書名，書道，印刷，パソコン等の観点から項目をとりあげ，必要に応じて研究の指針，教育の実際化に役立つ最新情報を入れるようにした。また各項目の文末に参考文献を掲げ読者の便宜をはかった。漢字・日本語に興味をもつ人々，国語教育，日本語教育に携わる人々のための必読書

前東北大 佐藤武義・前阪大 前田富祺編集代表
日本語大事典
【上・下巻：2分冊】
51034-8 C3581　　　　　B 5 判 2456頁 本体75000円

現在の日本語をとりまく環境の変化を敏感にとらえ，孤立した日本語，あるいは等質的な日本語というとらえ方ではなく，可能な限りグローバルで複合的な視点に基づいた新しい日本語学の事典。言語学の関連用語や人物，資料，研究文献なども広く取り入れた約3500項目をわかりやすく丁寧に解説。読者対象は，大学学部生・大学院生，日本語学の研究者，中学・高校の日本語学関連の教師，日本語教育・国語教育関係の人々，日本語学に関心を持つ一般読者などである

前筑波大 北原保雄監修　前大東文化大 早田輝洋編 朝倉日本語講座1 **世界の中の日本語** 51511-4　C3381　　　Ａ５判 256頁　本体4500円	〔内容〕諸言語の音韻と日本語の音韻／諸言語の語彙・意味と日本語の語彙・意味／日本語の文構造／諸言語の文字と日本語の文字／諸言語の敬語と日本語の敬語／世界の中の日本語の方言／日本語の系統／日本語教育／他
前筑波大 北原保雄監修　聖徳大 林　史典編 朝倉日本語講座2 **文字・書記** 51512-1　C3381　　　Ａ５判 264頁　本体4500円	〔内容〕日本語の文字と書記／現代日本語の文字と書記法／漢字の日本語への適応／表語文字から表音文字へ／書記法の発達(1)(2)／仮名遣いの発生と歴史／漢字音と日本語(呉音系，漢音系，唐音系字音)／国字問題と文字・書記の教育／他
前筑波大 北原保雄監修　前東大 上野善道編 朝倉日本語講座3 **音声・音韻** 51513-8　C3381　　　Ａ５判 304頁　本体4600円	〔内容〕(現代日本語の)音声／(現代日本語の)音韻とその機能／音韻史／アクセントの体系と仕組み／アクセントの変遷／イントネーション／音韻を計る／音声現象の多様性／音声の生理／音声の物理／海外の音韻理論／音韻研究の動向と展望／他
前筑波大 北原保雄監修　東北大 斎藤倫明編 朝倉日本語講座4 **語彙・意味** 51514-5　C3381　　　Ａ５判 304頁　本体4400円	語彙・意味についての諸論を展開し最新の研究成果を平易に論述。〔内容〕語彙研究の展開／語彙の量的性格／意味体系／語種／語彙構成／位相と位相語／語義の構造／語彙と文法／語彙と文章／対照語彙論／語彙史／語彙研究史
前筑波大 北原保雄監修・編 朝倉日本語講座5 **文　法　Ⅰ** 51515-2　C3381　　　Ａ５判 288頁　本体4200円	〔内容〕文法について／文の構造／名詞句の格と副／副詞の機能／連体修飾の構造／名詞句の諸相／話法における主観表現／否定のスコープと量化／日本語の複文／普遍文法と日本語／句構造文法理論と日本語／認知言語学からみた日本語研究
前筑波大 北原保雄監修　前東大 尾上圭介編 朝倉日本語講座6 **文　法　Ⅱ** 51516-9　C3381　　　Ａ５判 320頁　本体4600円	〔内容〕文法と意味の関係／文法と意味／述語の形態と意味／受身・自発・可能・尊敬／使役表現／テンス・アスペクトを文法史的にみる／現代語のテンス・アスペクト／モダリティの歴史／現代語のモダリティ／述語をめぐる文法と意味／他
前筑波大 北原保雄監修　早大 佐久間まゆみ編 朝倉日本語講座7 **文章・談話** 51517-6　C3381　　　Ａ５判 320頁　本体4600円	最新の研究成果に基づく高度な内容を平易に論述した本格的な日本語講座。〔内容〕文章を生み出す仕組み，文章の働き／文章・談話の定義と分類／文章・談話の重層性／文章・談話における語彙の意味／文章・談話における連文の意義／他
前筑波大 北原保雄監修　東大 菊地康人編 朝倉日本語講座8 **敬　　語** 51518-3　C3381　　　Ａ５判 304頁　本体4600円	〔内容〕敬語とその主な研究テーマ／狭い意味での敬語と広い意味での敬語／テキスト・ディスコースを敬語から見る／「表現行為」の観点から見た敬語／敬語の現在を読む／敬語の社会差・地域差と対人コミュニケーションの言語の諸問題／他
前筑波大 北原保雄監修　日大 荻野綱男編 朝倉日本語講座9 **言　語　行　動** 51519-0　C3381　　　Ａ５判 280頁　本体4500円	〔内容〕日本人の言語行動の過去と未来／日本人の言語行動の実態／学校での言語行動／近隣社会の言語行動／地域社会と敬語表現の使い分け行動／方言と共通語の使い分け／日本語と外国語の使い分け／外国人とのコミュニケーション／他
前筑波大 北原保雄監修　前広大 江端義夫編 朝倉日本語講座10 **方　　言** 51520-6　C3381　　　Ａ５判 280頁　本体4200円	方言の全体像を解明し研究成果を論述。〔内容〕方言の実態と原理／方言の音韻／方言のアクセント／方言の語彙と比喩／方言の表現，会話／全国方言の分布／東西方言の接点／琉球方言／方言の習得と共通語の獲得／方言の歴史／他

上記価格（税別）は 2017 年 6 月現在